何度も作ってたどりついた

あいりおーのお菓子

お菓子研究家
あいりおー

airio's sweets

JN048501

KADOKAWA

はじめに

　数あるお菓子の本の中から、この本を手に取ってくださって、ありがとうございます。

　私がお菓子を作り始めたきっかけは、子どもが生まれたとき、お誕生日ケーキを自分で作ってお祝いしたいと思ったから。

　最初は恥ずかしいくらい下手で、今ならインスタグラムには載せられないようなケーキでした（笑）。それでも作った達成感、喜んでもらえるうれしさで、happyな気持ちになったことを覚えています。

　そこからだんだんお菓子作りにハマって、どうやったら失敗しないで、おいしいお菓子が作れるだろうか？　そんなことを考えながら、毎回メモを取って、納得できないお菓子もたくさん作って、次はこうしよう、あーしようなどと、お菓子レシピの研究をするのが楽しくなっていきました。

　自分が失敗したことがあるから、失敗しにくい、上手くできる方法を見つけていく。そんな経験からでき上がったのが、私のレシピです。

　今ではcottaさんやインスタグラムで投稿した私のお菓子レシピを見て、作ってくださる心強いみなさんが私にはいます。

　「＃あいりおーさんレシピ」のハッシュタグ付きの投稿で、作ってくださった方の声や、作ったお菓子の写真を見せてもらい、「おいしかった」「上手にできた」という感想を目にするたびに、工夫を詰め込んだオリジナルレシピを発信することを通しても、お菓子作りの楽しさ、うれしさを経験させてもらってきました。

　そんなみなさんの声や自分の経験をたくさん重ねて、何度も作ってたどりついたレシピをこの本にまとめました。おうちで作るお菓子が上手に、おいしく、かわいくできてほしい。お菓子作りでhappyな時間や気持ちを味わってほしい。わかりやすいようにたくさんの写真で伝えたい、そんな思いが詰まっています。

　この本で紹介しているお菓子を作ってくださる方が、楽しみながら上手にできた達成感を感じ、食べてくれた人がおいしいと喜んでくれたなら、それ以上にうれしいことはありません。

　そして、この本が付箋だらけになったり、粉やバターで汚れたりしたら、それは私にとって、とっても名誉なことです。キッチンやいつでも手に届く場所に置いて使っていただけたら、幸せです。

あいりおー

CONTENTS

PART
3
Special
難易度やや高め！
特別な日のケーキ

Column

STAFF

表紙・本文デザイン／横田洋子

撮影／鈴木江実子、あいりおー

スタイリング／矢田智香子、あいりおー

イラスト／末次智美

校正／麦秋アートセンター

編集担当／安井万季子

「最高においしく！」にこだわって

食べる人に喜んでもらいたいから、おいしさは絶対に妥協したくない！
材料や配合へのこだわりはもちろん、ちょっとした作業工程にもおいしさの秘密が
隠れています。みなさんに成功体験をたくさん積み重ねていただきたくて

1 材料や配合、作り方の工程にこだわりました

たとえば
薄力粉を使い分ける

お菓子作りに欠かせない薄力粉。私は製菓用をお菓子に合わせて種類を使い分けています。サクサク食感が命のクッキーやタルトには「エクリチュール」、ふんわり食感を楽しみたいジェノワーズには「スーパーバイオレット」。風味や食感の差は歴然なので、ぜひ一度味わってみてください。もちろん、ふだんお使いの薄力粉でも作れます。

27299
cotta フランス産小麦100%使用
薄力粉エクリチュール 1kg
名　称：小麦粉
材料名：小麦（フランス）
容　量：1kg
限：枠外に記載
・直射日光、高温多湿を避けて保存して
　式会社cotta

たとえば
焼き上がり後を考えて油脂をチョイス

バターは風味とコクがあり、米油はクセがなくさらさらで使いやすいのが特徴。どちらを使うかの判断基準はおいしさ！　たとえばジェノワーズはバターを使うのが王道ですが、焼き上がり後デコレーションして冷蔵室で冷やすので、冷やしてもふんわり感が長もちするようあえて米油を使い、逆に常温保存の焼き菓子はバターの風味を生かしたレシピに。手軽さと風味のいいとこ取りで、マフィンなどには2つを合わせて使うことも。

お菓子のレシピを考えました

至るところにアドバイスを満載。最高においしく、作りやすく、かわいらしい、
そんなお菓子レシピを集めた一冊です。

2 「なぜ?」がわかれば、 失敗しない!

美しく仕上げる ワザ満載!

おいしいはもとより「より美しく&手軽に」作れるよう、常に試行錯誤をしています。たとえばスコーンは型抜きする前に二つ折りにすることで、きれいに腹割れします。むずかしいと思われがちなシュークリームは、クッキーシューなら成功率アップ!

「なるほど!」がいっぱい 目安の状態を写真で確認

お菓子は材料費も手間もかかり、「よし作るぞ!」と挑戦し、結果うまくいかないとダメージが大きいもの。だからこそ失敗しないよう予防線。「なるほど」は成功への近道です。ただコツを紹介するだけでなく、理由も含めて解説します。また、お菓子は科学です。タイミングを逃すとふくらまなかったり、味に影響したりすることも。言葉より、写真で見れば一目瞭然です。この本では、目安の状態を目で見て確認できるようにプロセス写真つきで掲載。

たとえば22ページ
絹どけプリンのカラメル作り

このくらいの色が
目安

たとえば49ページ
抹茶のラングドシャの
生地作りのポイント

卵白をメレンゲにして混ぜる理由
卵白は泡立てないととろとろの状態でバターと混ざりにくいのです。メレンゲにすることで混ざりやすく、また空気も含んで焼き上がりが軽い食感になります。

3 ムダを出さない!

食べきりサイズが基本

時間が経つとお菓子のおいしさが失われるので、数日で食べきれる量のレシピを提案しています。たとえば丸型は直径15cm、タルトリングは直径16cm、パウンド型も少し小さめ（6.5×16×高さ6cm）。小さめだとプレゼントしやすいのもメリットの1つです。

余り生地で飾りを作る

絞り袋の隅に残ったシュー生地や型抜きで余ったタルト生地を飾りに使っています。かわいい！とほめられるのですが、実はムダを省くところからの発想なのです。ほかのデコレーションもなるべく手元にある材料で、かつシンプルに！を心がけています。

この本の使い方

- 薄力粉は特に記載のない場合は、製菓用薄力粉（ドルチェ）を使用しています。
- グラニュー糖は細目（微粒子）がおすすめですが、好みで構いません。
- 卵はM～Lサイズを使用。全卵（溶きほぐした状態）、卵黄、卵白、いずれもグラム表示を参考に用意してください。
- 塩少々は0.2～0.3 gとし、0.5 g以上から表示しています。
- 生クリームは基本的に乳脂肪分42%のものを使用。生クリームではないクリーム（植物性脂肪を配合）などで作ると仕上がりに影響することがあるので、ご注意ください。
- 打ち粉は強力粉を使用しています。
- オーブンの予熱温度は焼く温度より10℃高く設定（焼く際に一度扉をあけるため温度が下がることを計算に入れています）。オーブンは電気オーブンを使用しています。メーカーや機種によって差があるため、レシピの温度や焼き時間は目安とし、様子を見ながら加減してください。
- 電子レンジの加熱時間は600Wを基準にした目安です。機種によって多少差があるので、様子を見て加熱時間を加減してください。また、30秒以下の電子レンジ加熱については、ラップの有無を記載していないことがあります。気になる方はラップをしてください。

PART

1

Basic

アレンジもいっぱい！

基本のほめられお菓子

ベーシックなお菓子だからこそ、「最高においしく！」は
もちろん、サイズ感やでき上がり量、作りやすさなど、
さまざまなこだわりをギュッと詰め込みました。
食べる人の「おいしいね！」は最高のほめ言葉。
世代問わず人気のラインナップをお届けします！

Quick muffin

混ぜて焼くだけ
簡単マフィン

オイルと溶かしバターで作る生地だから、
バターを攪拌する手間なしでとっても簡単。
フィリングはクリームチーズとベリー2種に
しましたが、アレンジはどうぞご自由に。
トッピングのアーモンドはから焼きのひと手間で
カリッと香ばしくなるので、ぜひ!

材料（直径6.3cmのマフィン型6個分）

全卵 …… 60 g

グラニュー糖 …… 45 g

はちみつ …… 15 g

塩 …… 少々

バター（食塩不使用）…… 30 g

米油（またはサラダ油）…… 30 g

牛乳 …… 30 g

A | 薄力粉 …… 80 g
  | アーモンドパウダー …… 30 g
  | ベーキングパウダー …… 4 g

フィリング

| クリームチーズ …… 48 g
| ブルーベリー …… 18粒
| ラズベリー（冷凍）…… 9粒

アーモンドスライス …… 適量

準備

・全卵と牛乳は室温にもどす。

・Aは合わせてふるう。

・クリームチーズは型に入る大きさに6等分する。

・アーモンドスライスは160℃で約6分から焼きする。

・型にグラシンケースを敷く。

・オーブンは焼く作業の15分前に天板ごと190℃に予熱
　し始める。

＼ この型を使いました ／

cotta 垂直マフィン型 大（6個取）
1個あたりの内寸：直径約6.3×高さ3.3cm

作り方

1

バターを湯せんにかけて溶かし、米油を加えて混ぜ、50℃に保温する。

2

ボウルに全卵を入れて泡立て器で溶きほぐし、グラニュー糖、はちみつ、塩を加え、ざらつきがなくなるまでよく混ぜる。

3

1を2に加え、よく混ぜ合わせ、乳化させる。

> **乳化とは…**
> 油分と水分がしっかりと混ざり合った状態のこと。油が分離して浮いている場合は、さらによく混ぜてください。

> **50℃に保温する理由**
> 温度が下がるとバターが固まってとろみがつき、手順2で卵液に混ざりにくくなることも。湯せんにかけて50℃前後にキープしましょう。

180℃
焼き時間
20分

一番火通りの悪い中心部に刺して確認!

7

クリームチーズをのせ、3つにはブルーベリーを6粒ずつ、残りの3つには凍ったままのラズベリーを3粒ずつのせ、上から指で軽く押し込む。アーモンドを全体に散らす。

8

予熱したオーブンを180℃に下げ、7を入れて約20分焼く。竹串を刺して何もついてこなければ焼き上がり。

> **押し込むのはなぜ?**
> ベリー類は糖分が多く焦げやすいため、生地に軽く押し込むことで火のあたりをやわらげます。

4
牛乳を加えてさらに混ぜ合わせる。

5
粉類（A）を再度ふるいながら加え、粉気がなくなるまで混ぜ合わせる。

advice

バターや米油が入った状態だとグルテンができにくいため、混ぜすぎはさほど心配しなくてOK！

6
生地を絞り袋（口金なし）に入れ、型に等分に入れる。

advice

絞り袋のほうがきれいに手早く作業できますが、スプーンや玉じゃくしで入れても構いません。

9
型から取り出し、ケーキクーラーにのせて粗熱をとる。

おいしく作るコツ

ワンボウルで材料を順に混ぜていくだけ。
やわらかくしたバターと卵で作るよりも
分離しにくく、作りやすいレシピです。
オイルには溶かしバターを加えて
コクと風味を出しています
（バターをやめて米油を60gにしてもOK）。
ベリーを焼き込んでいるので、
1〜2日で食べきってくださいね。

Airio

蜜りんごの
クランブルマフィン

甘酸っぱいりんごのフィリングと
サクサクのクランブルは
相性抜群です!

しっとりかぼちゃマフィン

トッピングだけでなく、生地にも
かぼちゃのペーストを混ぜました。
ピスタチオを削ればお店っぽい仕上がりに。

蜜りんごのクランブルマフィン

材料（直径6.3cmのマフィン型6個分）

全卵 …… 60 g

グラニュー糖 …… 45 g

はちみつ …… 15 g

塩 …… 少々

バター（食塩不使用）…… 30 g

米油（またはサラダ油）…… 30 g

牛乳 …… 30 g

A｜薄力粉 …… 80 g
　｜アーモンドパウダー …… 30 g
　｜ベーキングパウダー …… 4 g

フィリング

　りんご …… 正味100 g
　グラニュー糖 …… 30 g
　バター（食塩不使用）…… 5 g

クランブル（p.71／焼く前の状態）…… 1/2量

準備

・全卵と牛乳は室温にもどす。

・Aは合わせてふるう。

・クランブルは使う直前まで冷蔵室におく。

・型にグラシンケースを敷く。

・オーブンは焼く作業の15分前に天板ごと190℃に予熱し始める。

しっとりかぼちゃマフィン

材料（直径6.3cmのマフィン型6個分）

全卵 …… 60 g

グラニュー糖 …… 45 g

はちみつ …… 15 g

塩 …… 少々

バター（食塩不使用）…… 30 g

米油（またはサラダ油）…… 30 g

牛乳 …… 35 g

A｜薄力粉 …… 80 g
　｜アーモンドパウダー …… 30 g
　｜ベーキングパウダー …… 4 g

かぼちゃ …… （皮を除いて）正味110 g

かぼちゃの薄切り（約5mm厚さ、4cm長さ）
　…… 18切れ

ピスタチオ …… 3粒

バター（加塩）…… 適量

準備

上記「**蜜りんごのクランブルマフィン**」と同様の準備を行う（クランブル以外）。

作り方

❶ フィリングを作る。りんごは皮をむいて1.5cm角に切る。フライパンにりんご、グラニュー糖、バターを入れて中火にかけ、炒める。しんなりして全体が薄い茶色に色づいたら火を止め（写真a）、冷ます。

❷ 12〜13ページ「**混ぜて焼くだけ簡単マフィン**」の手順1〜5と同様にマフィン生地を作り、①を加えてゴムべらで混ぜ合わせる。

❸ 生地を型に等分に入れ、**クランブルを等分にのせる**（写真b）。

❹ 予熱したオーブンを180℃に下げ、③を入れて約20分焼く。型から取り出し、ケーキクーラーにのせて粗熱をとる。

a

b

クランブルは
ダレないよう、
使う直前まで
冷蔵室におく

作り方

❶ かぼちゃ110gは耐熱のポリ袋に入れ、電子レンジ（600W）で2分30秒〜3分加熱する（加熱後の80gを使う）。袋の上からめん棒でたたいてペースト状にし、冷ます。

❷ 12〜13ページ「**混ぜて焼くだけ 簡単マフィン**」の手順1〜4と同様に作り、①を加えて泡立て器で混ぜ合わせる。

❸ 粉類（A）を再度ふるいながら加え、粉気がなくなるまで混ぜ合わせる。生地を型に等分に入れ、かぼちゃの薄切りを3切れずつのせる。

❹ 予熱したオーブンを180℃に下げ、③を入れて約20分焼く。残り2分でピスタチオを天板のあいた場所にのせて一緒に焼く。

❺ 型から取り出し、ケーキクーラーにのせる。焼きたてのうちにかぼちゃにバター（加塩）をこすりつけ余熱で溶かし、ピスタチオを削ってのせる。

15

シンプルにおいしい
プレーンスコーン

スコーンは材料がシンプルなだけに、
配合や作り方のちょっとした違いが
味や食感にあらわれて、とても奥深いんです。
試行錯誤を重ね、伸ばして重ねる作業を
三つ折りに、伸ばす向きも変えてみたら大正解！
ザクッとおいしいスコーンになりました。

材料（直径5cmのもの8個分）

A 薄力粉 …… 150 g
　ベーキングパウダー …… 6 g
グラニュー糖 …… 20 g
塩 …… 1.5 g
バター（食塩不使用）…… 50 g
牛乳 …… 75 g
打ち粉、牛乳（仕上げ用）…… 各適量

準備
・バターは1cm角に切り、使う直前まで冷蔵室におく。
・Aは合わせてふるい、使う直前まで冷蔵室におく。
・牛乳は使う直前まで冷蔵室におく。
・オーブンは焼く作業の15分前に210℃に予熱し始める。

おいしく食べるコツ

焼いて少しして粗熱がとれたころが
最高においしいです！
翌日温め直す時はアルミホイルで
包んで焼いてください。
外はザクッ、中はふんわりな食感が
もどってきます。

Airio

advice

バターが溶けない
よう粉類と牛乳も
冷やす。

Plain scone

作り方

1
ボウルにふるった粉類（A）、グラニュー糖、塩を合わせて泡立て器で混ぜる。

2
バターを加え、カード2枚でバターを小さく刻みながら粉をまぶす。粉に米粒大のバターがたまに見えるくらいになり（写真右・実物大）、全体的に少し黄色みがかった状態になるまで行う。

カードが2枚
なければ
1枚でも

米粒大が目安！

advice

バターが溶けると仕上がりに影響するので、夏場は手順2の後、冷蔵室で20分ほど冷やして。

めん棒で全体を押して
生地どうしを
密着させてから伸ばす

内側になる面には
打ち粉をしない！

6
向きを90度変えて置き直し、手順5と同様に伸ばして三つ折りにする。生地をラップで包み、冷蔵室で1時間休ませる。

この状態で
ラップをして冷凍

7
台に打ち粉をして生地を横長にのせ（上面には打ち粉をしない）、めん棒で約15×12cmに伸ばし、長い辺を二つ折りにする（写真右）。めん棒で左右に伸ばした後、手前と奥に伸ばし、10×15cmにする（厚みは約1.5cm）。

伸ばして三つ折りにするのはなぜ？
伸ばして折りたたむことでバターが均一に広がって生地の層が整います。焼くと高さが出て、サクッと軽い食感に焼き上がります。

押しつけてたたむ。
この作業を
数回行う

ラップ2枚で
はさんで伸ばすと
めん棒が汚れず、台に
生地がくっつかない

3

牛乳75gを加え、ゴムべらで切るように混ぜ合わせる。

4

粉っぽさがある程度なくなってきたら、手で生地をボウルの内側に押しつけてはたたみ、まとめる。

5

生地を台に取り出し、打ち粉をしながらめん棒で14×24cmくらいに伸ばし、三つ折りにする。

＊わかりやすいようラップを外しています。

フードプロセッサーを使うと手軽

バターを刻む作業はフードプロセッサーならあっという間。A、グラニュー糖、塩を入れて攪拌し、バターを加えてさらに攪拌。バターが米粒大になったら牛乳を加えて攪拌し、手順**5**からは同様に作ります。

抜き型に打ち粉をつけて
余分な粉を払って使う

200℃
焼き時間
17分

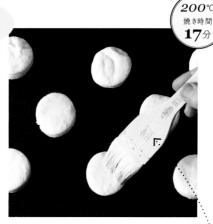

二つ折りにする理由

生地を二つ折りにすることで焼く時にきれいに腹割れしやすくなります。内側に打ち粉をすると生地どうしがくっつきにくくなるので注意して。

8

直径5cmの抜き型で生地を抜く。残った生地はまとめて伸ばし、同様に型で抜く。最後に型で抜くのが厳しい分はまとめて同じくらいの大きさにする。

9

天板にシルパン（p.141）を敷いて**8**を並べ、上面にはけで牛乳を塗る。予熱したオーブンを200℃に下げ、約17分焼く。取り出し、ケーキクーラーにのせて粗熱をとる。

advice

牛乳を塗ると、焼き上がりにつやが出ます。

チョコとくるみのスコーン

包丁で切り分ける、型不要のアレンジです。
焼きチョコみたいな食感と
くるみの香ばしさがたまりません。

材料（約5×4cmのもの8個分）

A｜薄力粉 …… 150 g
　｜ベーキングパウダー …… 6 g
グラニュー糖 …… 20 g
塩 …… 1.5 g
バター（食塩不使用）…… 50 g
牛乳 …… 75 g
くるみ …… 25 g
チョコチップ …… 25 g
打ち粉、牛乳（仕上げ用）…… 各適量

準備

・バターは1cm角に切り、使う直前まで冷
　蔵室におく。
・Aは合わせてふるい、使う直前まで冷蔵
　室におく。
・牛乳は使う直前まで冷蔵室におく。
・くるみは170℃で約7分から焼きし、7〜
　8mm大に刻む。
・オーブンは焼く作業の15分前に210℃に
　予熱し始める。

200℃
焼き時間
17分

作り方

❶ 18〜19ページ「シンプルにおいしいプ
レーンスコーン」の手順**1**〜**3**と同様に生
地を作り、くるみとチョコチップを加え（写
真a）、ゴムべらで混ぜ合わせる。
❷ 「シンプルにおいしいプレーンスコー
ン」の手順**4**〜**7**と同様に作るが、約15×
12cmに伸ばして二つ折りにした後、9×17
cmに伸ばす。周囲を5mmずつ切り落として
8等分する（写真b）。
❸ 天板にシルパン（p.141）を敷いて②を
並べ、上面にはけで牛乳を塗る。予熱した
オーブンを200℃に下げ、約17分焼く。取
り出し、ケーキクーラーにのせて粗熱をとる。

a

溶けにくいタイプの
チョコチップが
おすすめ！

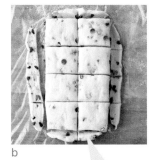

b

切り落とした生地は
集めて、小さい四角形に
して焼いても

絹どけプリン

私のお菓子レシピの中でも
常に上位にランクインする人気メニュー。
生クリーム入りでとろ～りなめらかな舌ざわり。
何度も作ってレシピをバージョンアップした
思い入れの深いプリンです。

Riche crème caramel

材料（容量90mlの耐熱のプリン瓶7個分）

カラメル
　グラニュー糖 …… 40 g
　水 …… 10 g
　熱湯 …… 10 g

プリン液
　全卵 …… 110 g（2個分）
　卵黄 …… 18 g（1個分）
　グラニュー糖 …… 70 g
　バニラビーンズペースト …… 5 g
　牛乳 …… 400 g
　生クリーム（乳脂肪分42%）
　　…… 100 g

準備

・全卵と卵黄はカラザを取り除いてボウルに入れ、よく溶きほぐしてコシを切り、室温にもどす。
・瓶7個が入る大きさの鍋（直径約22cm）に湯を沸かす（蒸す時に65〜70℃で使う）。
・鍋ぶたを布巾で包む。

advice
> 卵が冷たいとプリン液の温度が下がるので、必ず室温にもどして。

advice
> 熱伝導率がよく、湯の温度が安定しやすい鋳物ほうろう鍋がおすすめです。

作り方

> このくらいの色が目安

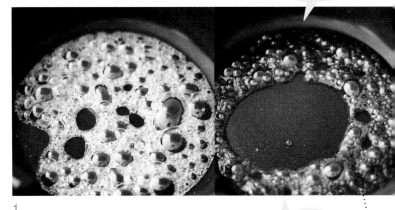

1
カラメルを作る。小鍋にグラニュー糖と水を入れて鍋を傾けてなじませ、中火にかける。最初は白い泡が出て、徐々に色づきカラメルの香りがしてくる。予熱でも火が入るため、理想の色の少し手前の段階で火を止める。写真のように濃い茶色になったら、熱湯を加える。

> カラメルが跳ねるので、注意して！

advice
> アルミホイルをかぶせてすき間から熱湯を加えるのがおすすめです。油跳ね防止用の網を使ってもOK。

> こすと口あたりがなめらかになる

5
3を泡立て器でゆっくりと混ぜながら、泡立てないように注意して4を少しずつ加える。

6
5を茶こしでこし、2の瓶に等分に流し入れる。

advice
> 一気に入れると卵に火が通ってしまうので、少量ずつ！

泡立ててはダメな理由
泡立つと気泡ができ、蒸す時に「す」が入りやすくなります。この段階でなるべく静かに加えて混ぜることが大事。手順6のこす作業は気泡を除く目的もあります。

2

1が固まらないうちに瓶に等分に入れる。

advice

底全体に行き渡らなくても大丈夫。蒸す時に溶けて自然に広がります。

3

プリン液を作る。卵液のボウルにグラニュー糖、バニラビーンズペーストを加え、すぐに泡立て器でよく混ぜ合わせる。

4

牛乳と生クリームを鍋に入れ、耐熱のゴムべらで絶えず混ぜながら70℃まで温める。

混ぜながら温めるのはなぜ?

十分に混ぜないと蒸した時に生クリームと牛乳の2層に分かれてしまうことも。また、焦げつかせないためにも混ぜ続けましょう。

布巾を敷くのは火のあたりをやわらげ、瓶が動くのを防ぐため

ふたを布巾で包むと水滴が落ちない

おいしく作るコツ

プリンの成功の秘訣は加熱時の温度管理です。卵は60〜80℃で固まるため、スタートは65〜70℃。90℃以上で「す」が入るので、85℃になったら弱火でキープ。温度計で測るのがベターですが、ときどき鍋底からポコッと気泡が浮き上がる状態が85℃くらいです。

Airio

7

湯を沸かした鍋の底に布巾を敷いて**6**を並べ、湯の量はプリン液の高さに、温度は65〜70℃に調整し、弱めの中火で加熱する。

8

湯が85℃になったらふたをして弱火で約7分加熱し、火を止めてふたをしたまま5〜7分おく。取り出して冷まし、冷蔵室で冷やす。

蒸し上がりをチェック!

ゆすってみて、表面に膜が張っていて全体が揺れたら蒸し上がり。中央だけが大きく揺れる場合はさらに加熱が必要です。

arrange recipe

昔ながらのかためプリン

こちらは少し配合が違う、
オーブンで蒸し焼きにするかための食感のプリン。
材料は卵、グラニュー糖、牛乳の3つだけなので、
思い立ったらすぐに作れますよ。
取り出し方のコツも併わせてご紹介します。

材料（容量150mlの耐熱ガラス製のプリンカップ3個分）

カラメル

　グラニュー糖 …… 20g

　水 …… 5g

　熱湯 …… 5g

プリン液

　全卵 …… 110g（2個分）

　グラニュー糖 …… 35g

　バニラビーンズペースト …… 3g

　牛乳…210g

準備

・全卵はカラザを取り除いてボウルに入れ、よく溶くほぐしてコシを切り、室温にもどす。

・プリンカップの内側に室温にもどしたバター（食塩不使用・分量外）を薄く塗る。

・湯せん焼き用の湯を沸かす。

・オーブンは焼く作業の15分前に天板ごと160℃に予熱し始める。

advice

卵が冷たいとプリン液の温度が下がるので、必ず室温にもどして。

作り方

❶　22～23ページ「**絹どけプリン**」の手順1～2と同様に**カラメル**を作り、プリンカップに等分に入れる。

❷　**プリン液**を作る。全卵のボウルにグラニュー糖、バニラビーンズペーストを加え、すぐに泡立て器でよく混ぜ合わせる。

❸　牛乳を鍋に入れ、耐熱のゴムべらで絶えず混ぜながら60℃まで温める。

❹　「**絹どけプリン**」の手順5～6と同様に❸を❷のボウルに加えて茶こしでこし、❶に等分に流し入れる。

❺　20cm四方のスクエア型に布巾を敷いて❹を並べ、65～70℃に調整した湯を注ぐ（写真）。

❻　予熱したオーブンを150℃に下げ、❺を入れて約25～30分蒸し焼きにする。蒸し上がりの確認は23ページ「**絹どけプリン**」と同様。取り出して冷まし、冷蔵室で冷やす。

150℃ 焼き時間 25～30分

湯の量はプリンカップの高さの半分くらいが目安

advice

スクエア型がない場合は布巾を敷いた天板にカップを並べ、オーブンに入れた後に湯を手早く注ぎます。焼く間に湯が蒸発したら足してください。

プリンを取り出すコツ

水で濡らしたスプーンの背でプリンの縁を1周軽く押さえ（写真左）、へらを1か所に深めに差し込んで空気を入れます。プリンカップに皿をかぶせて皿ごと逆さにし、両手でしっかりと持って（写真右）全身を使って左から右へ思いっきり振り（遠心力で型とプリンの間にさらに空間ができる／向きは逆でも可）、プリンが皿にのったらプリンカップを外してください。

香ばしフィナンシェ

焦がしバターの深いコクと香ばしい
アーモンドの風味が楽しめる焼き菓子。
おいしいうえに、お菓子作りで余りがちな
卵白の消費にもなるうれしいレシピです。
味違いを詰め合わせてプレゼントしても。

Plaine financier

チョコフィナンシェ

溶かしたチョコを
生地に混ぜて焼きます。
チョコを線書きするだけの
がんばりすぎないデコは
バレンタインにもおすすめ。

抹茶フィナンシェ

抹茶のほろ苦さがあとを引く
大人味のフィナンシェです。
割ると鮮やかなグリーンが
お目見え。和風なので
白ごまをあしらってみました。

香ばしフィナンシェ

材料（7×3.5cmのもの9個分）

卵白 …… 65 g

はちみつ …… 14 g

グラニュー糖 …… 50 g

塩 …… 少々

A｜ アーモンドパウダー …… 35 g

　｜ 薄力粉 …… 25 g

　｜ ベーキングパウダー …… 1 g

バター（食塩不使用）…… 65 g

アーモンドスライス …… 適量

準備

・卵白は室温にもどす。

・Aは合わせてふるう。

・型の内側に室温にもどしたバター
（食塩不使用・分量外）を塗る。

・アーモンドスライスは160℃で約
6分から焼きする。

・オーブンは焼く作業の15分前に
天板ごと200℃に予熱し始める。

＼ この型を使いました ／

松永製作所 シルバースリムフィナンシェ天板 9P
1個あたりの内寸：底面6×3cm、上面7×3.5cm、
高さ2cm、 9個取り

作り方

1
焦がしバターを作る。鍋にバターを入れて中火に
かけ、耐熱のゴムべらで絶えず混ぜながら溶かす。
最初は大きな泡が出るが、だんだん小さくクリー
ミーな泡になり、色づいてくる。

advice
周囲から温度が上がるので、へらで混ぜ
続けて均一に熱が伝わるようにします。

5
2の焦がしバターを4に加えて
混ぜ合わせる。

6
生地を絞り袋（口金なし）に入れ、
型に等分に入れる。

advice
私は生地の総量を量って1個分の重さを
割り出し、型をスケールにのせて生地を
均等に絞り出します。仕上がりにこだわ
りたい方は、この方法がおすすめです。

余熱で焦げないよう、鍋底を水につける

泡立てない！
混ぜるだけ

2
薄い茶色になったら火を止めて、鍋底を水を張ったフライパン（またはボウル）につけ、約50℃に保温する。

3
ボウルに卵白とはちみつ、グラニュー糖、塩を入れ湯せんにかけて約40℃に温め、卵白のコシを切るように泡立て器で混ぜ合わせる。

4
粉類（A）を再度ふるいながら加えて混ぜ合わせる。

50℃に保温するのはなぜ？
保温しないと温度が下がってバターにとろみがついたり固まってしまったりすることも。50℃前後にキープすると、手順5で生地と混ざりやすくなります。

190℃
焼き時間
11分

7
アーモンドを全体に散らす。予熱したオーブンを190℃に下げ、6を入れて約11分焼く。

8
型から取り出し、ケーキクーラーにのせて粗熱をとる。

型に入れっぱなしはダメ
フィナンシェはしっとり食感が持ち味。型に入れたままだと余熱で中の水分が抜けてしまうので、焼き上がったら型から出してケーキクーラーにのせて粗熱をとってください。

おいしく作るコツ
フィナンシェの味の決め手は焦がしバター。バターを焦がすと風味が出てうまみも増します。焦がし加減の見極めが心配な方は少し早めに火を止めて、余熱で色づいてくるのを確認すると焦らずに済みますよ。型は松永製作所のものを愛用。熱伝導率がよいブリキにシリコン加工が施されていて美しく焼き上がり、型離れもよくておすすめです。

Airio

チョコフィナンシェ

材料（7×3.5cmのもの9個分）

卵白 …… 65 g

はちみつ …… 7 g

グラニュー糖 …… 38 g

塩 …… 少々

製菓用チョコレート（スイート）…… 22 g

	アーモンドパウダー …… 35 g
A	薄力粉 …… 18 g
	ココアパウダー（無糖）…… 7 g
	ベーキングパウダー …… 1 g

バター（食塩不使用）…… 65 g

コーティング用チョコレート（スイート）…… 10 g

金箔（あれば）…… 適量

準備

・卵白は室温にもどす。

・Aは合わせてふるう。

・型の内側に室温にもどしたバター（食塩不
　使用・分量外）を塗る。

・オーブンは焼く作業の15分前に天板ごと
　200℃に予熱し始める。

190℃
焼き時間
11分

作り方

❶ 製菓用チョコレートを湯せんにかけて溶かす。

❷ 28〜29ページ「香ばしフィナンシェ」の手順1〜2と
同様に焦がしバターを作り、約50℃に保温する。

❸ ボウルに卵白とはちみつ、グラニュー糖、塩を入れ湯
せんにかけて約40℃に温め、卵白のコシを切るように泡立
て器で混ぜ合わせ、❶を加えて（写真）さらに混ぜる。

❹ 「香ばしフィナンシェ」の手順4〜6と同様に粉類（A）
と❷を加えて混ぜ、型に等分に入れる。

❺ 予熱したオーブンを190℃に下げ、❹を入れて約11分焼
く。焼き上がったら型から取り出し、ケーキクーラーにの
せて粗熱をとる。

❻ コーティング用チョコレー
トを湯せんにかけて溶かし、コ
ルネに入れる。冷めた❺のフィ
ナンシェにチョコレートを斜め
に線書きし、チョコが固まる前
に金箔を飾り、冷蔵室に10〜
15分おいて冷やし固める。

おいしく作るコツ

ココアパウダーはダマになりやすいので、
茶こしでふるってから残りのAと合わせてふるうと安心です。
下の「抹茶フィナンシェ」の抹茶パウダーも同様です。

Airio

抹茶フィナンシェ

材料（7×3.5cmのもの9個分）

卵白 …… 65 g

はちみつ …… 14 g

グラニュー糖 …… 50 g

塩 …… 少々

	アーモンドパウダー …… 35 g
A	薄力粉 …… 21 g
	抹茶パウダー …… 4 g
	ベーキングパウダー …… 1 g

バター（食塩不使用）…… 65 g

いり白ごま …… 適量

準備

上記「チョコフィナンシェ」と
同様の準備を行う。

190℃
焼き時間
11分

作り方

❶ 28〜29ページ「香ばしフィナンシェ」の手順1〜6と同
様に生地を作り、型に等分に入れ、全体にごまを散らす（写真）。

❷ 予熱したオーブンを190℃に下げ、❶を入れて約11分焼く。
焼き上がったら型から取り出し、ケーキクーラーにのせて
粗熱をとる。

はちみつマドレーヌ

はちみつたっぷりの生地はきれいな焼き色がつき、
しっとり食感が長もちします。
レモンの皮入りでさわやかな風味があり、
全世代ウケ間違いなしの
おいしさです。

Madeleine au miel

材料（5×7.5cmのもの8個分）

全卵 …… 50 g

グラニュー糖 …… 20 g

はちみつ …… 30 g

塩 …… 少々

A
- 薄力粉 …… 40 g
- アーモンドパウダー …… 10 g
- ベーキングパウダー …… 1.5 g

バター（食塩不使用）…… 50 g

レモンの皮のすりおろし…… 1/2個分

準備

・全卵は室温にもどす。

・Aは合わせてふるう。

・バターは湯せんにかけて溶かし、
　使う直前まで約50℃に保温する。

・型の内側に室温にもどしたバタ
　ー（食塩不使用・分量外）を塗る。

・オーブンは焼く作業の15分前に
　天板ごと200℃に予熱し始める。

この型を使いました

松永製作所 シルバーマドレーヌ天板 8P
1個あたりの内寸：5×7.5×高さ1.4cm、8個取り

作り方

溶け残りがないよう
よく混ぜる

1

ボウルに全卵を入れて泡立て器
で溶きほぐし、グラニュー糖、
はちみつ、塩を加えてよく混ぜ
合わせる。

2

粉類（A）を再度ふるいながら
加え、粉っぽさがなくなるまで
よく混ぜる。

4

レモンの皮を加えて混ぜ、ラッ
プをして冷蔵室で1時間休ませ
る。

190℃
焼き時間
11分

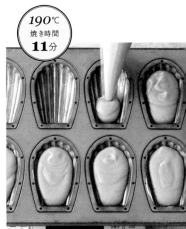

5

生地を絞り袋（口金なし）に入れ、
型に等分に入れる。予熱したオー
ブンを190℃に下げ、約11分
焼く。

生地を休ませる理由

薄力粉を加えて混ぜるとグルテンができ、このまま
焼くと目の詰まった重い焼き上がりに。休ませる
とグルテンが落ち着いて生地の伸びがよくなり、ふ
んわりした食感に焼き上がります。

3

保温しておいたバターを少しず
つ加え、よく混ぜる。

バターを保温するのはなぜ？

溶かしたバターは温度が下がる
と粘性が出て生地と混ざりに
くくなります。生地にしっかり
なじむよう、50℃前後でさらさ
ら状態をキープしましょう。

6

中央がふくらんできれいな焼き
色がついたら焼き上がり。型か
ら取り出し、ケーキクーラーに
のせて粗熱をとる。

キャラメルマドレーヌ

ひと口かじるとほろ苦いキャラメルの風味が広がります。
斜めにチョコがけすると、ちょっとスペシャルな感じに。

材料（5×7.5cmのもの8個分）

全卵……50g

グラニュー糖……30 g

はちみつ……10g

A
- 薄力粉……40 g
- アーモンドパウダー……10 g
- ベーキングパウダー……1.5 g

バター（食塩不使用）……50 g

キャラメルクリーム

グラニュー糖……12 g

水……4 g

塩……少々

生クリーム（乳脂肪分35〜42%）
……24 g

準備

32ページ「**はちみつマドレーヌ**」と同様の準備に加え、
生クリームを電子レンジ（600W）で約15秒加熱する。

190℃
焼き時間
11分

作り方

❶ 61ページを参照して**キャラメルクリーム**を作り、25〜30℃まで
冷ます。

❷ 「**はちみつマドレーヌ**」の手順1〜3と同様に生地を作るが、
手順1の後で①を加えて混ぜる（①がかたい場合は電子レンジで軽く温め
る）。冷蔵室で1時間休ませる。

❸ 生地を絞り袋（口金なし）に入れて型に等分に入れ、190℃のオ
ーブンで約11分焼く。型から取り出して粗熱をとる。チョコがけし
たり刻んだナッツを飾るなど、好みでデコレーションしても。

バニラパウンドケーキ

バターのコクとほろっと軽い口あたりで
飽きのこないおいしさの定番ケーキ。
成功の秘訣は、バターにたっぷりと空気を
含ませることと卵を丁寧に混ぜて乳化させること。
そこをがんばれば、感動の焼き上がりが待っていますよ。

材料（16×6.5×高さ6cmのパウンド型1台分）

バター（食塩不使用）…… 65 g

グラニュー糖 …… 54 g

バニラビーンズペースト …… 5 g

全卵 …… 65 g

A | 薄力粉 …… 52 g
 | アーモンドパウダー …… 13 g
 | ベーキングパウダー …… 1.3 g

準備

・バターと全卵は室温にもどす。

・Aは合わせてふるう。

・型にクッキングシート（またはオーブンシート）
　を敷く（下記参照）。

・オーブンは焼く作業の15分前に天板ごと180
　℃に予熱し始める。

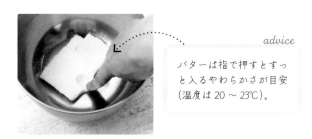

advice

バターは指で押すとすっ
と入るやわらかさが目安
（温度は 20 ～ 23℃）。

シートの敷き方

シートは型に敷いた時に
型から1cm上に出るくら
いの大きさを用意。図の
ように切り込みを入れ、
左右から折って型に敷き
ます。飛び出る部分（斜
線）を切り取ると収まり
がよくなります。

＼ この型を使いました ／

松永製作所 ブリキパウンド S
内寸：底面 14.5×5cm、上面 16×6.5cm、
高さ6cm

おいしく食べるコツ

翌日以降に生地がなじみ、
しっとりしておいしくなります。
4〜5日もつので、
プレゼントにもどうぞ。

Airio

Vanilla pound cake

作り方

バターに空気を
しっかり含ませる！

油分と水分が混ざり、
乳化した状態

1

ボウルにバターとグラニュー糖を
入れてゴムべらで練り、クリーム
状にする。ハンドミキサーに替え
て、中～高速で白っぽくなるまで
混ぜ、バニラビーンズペーストを
加えて混ぜる。

2

全卵を溶きほぐして10回くらい
に分けて加え、その都度ハンドミ
キサーで混ぜ合わせて乳化させる。

advice

必ずバターと卵が均一に混ざっ
てから次の卵を加えること。

卵を分けて加えるのは…

油分と水分は混ざりにくいた
め、卵の量が多いと分離して
しまい、そのまま作業を進め
るとふくらみや食感に影響し
ます。卵は少量ずつ加え、そ
の都度よく混ぜて乳化させる
ことが大事です。

中に空気が残っていると、
焼きムラや空洞が
できる要因に

170℃
焼き時間
35分

作業は手早く！

6

型を台に数回軽く打ちつけ、余分
な空気を抜く。

7

予熱したオーブンを170℃に下げ、**6** を入れて約35分焼く。
途中、12分たったら中央にナイフで浅い切り込みを1本入れ、
さらに焼く。

切り込みを入れるのはなぜ？

生地の中に蒸気の通り道ができ、中央がきれいに割
れて見ばえよく焼き上がります。自然に割れること
もあるので、無理に入れなくても大丈夫です。

ゴムべらの向きと
逆の方向にボウルを
回すのがコツ

3
粉類（A）を再度ふるいながら加え、最初はゴムべらで切るように混ぜる。

advice

バターの中に粉を分散させるイメージで混ぜます。

4
粉がある程度混ざったら、次は底から生地をすくって返すように混ぜる。粉っぽさがなくなったら、さらに40回ほど混ぜてなめらかな状態にする。

advice

粉気がなくなりつやっぽくなったら混ぜ終わり。

5
生地を型に入れ、表面をならす。

advice

シートの重なり部分を少量の生地でとめると、生地を入れやすいです。生地を入れたら、中央はへこませる必要なし。焼き上がりに影響しません。

完全に冷めてからでなく、
ほんのり温かい状態で
ラップで包んで保存

8
焼き上がりは竹串でチェック。生地の中央部のなるべく目立たない場所に竹串を深く刺し、何もついてこなければOK。

9
型を約10cmの高さから台に落として中の熱い蒸気を抜く。型から取り出し、ケーキクーラーにのせて粗熱をとる。

バターの話

バターは20〜23℃が
空気を含みやすい状態で、
ふんわり焼き上がります。
寒い時期にバターが
やわらかくならない時は、
オーブンの発酵機能が便利。
30℃設定で20〜30分おき、
ときどき状態を見ましょう。
気温が25℃を超える時は
バターがダレやすいので、
少し低めの18℃から
作業を開始するといいですよ。

Airio

ケーキを冷ます時は…

底以外の周囲のシートをはがします。焼きたての生地はやわらかいので、底をはがすとケーキクーラーにくっついたり、網の跡が残ることがあるので、底は残します。

arrange recipe

チョコマーブル パウンドケーキ

マーブル模様を出すために
2種類の生地を混ぜる動きは最小限に。
へらを動かすのは3回だけです。

材料（16×6.5×高さ6cmのパウンド型1台分）
バター（食塩不使用）…… 65 g
グラニュー糖 …… 54 g
全卵 …… 65 g
A
薄力粉 …… 52 g
アーモンドパウダー …… 13 g
ベーキングパウダー …… 1.3 g
製菓用チョコレート（スイート）…… 20 g

準備
34ページ「バニラパウンドケーキ」と
同様の準備を行う。

170℃
焼き時間
35分

作り方
❶ チョコレートを湯せんにかけて溶かし、25～27℃に保温する。
❷ 36～37ページ「バニラパウンドケーキ」の手順1～4と同様にプレーン生地を作る。
❸ チョコレート生地を作る。②の生地60 gを取り分けて①に加え、混ぜ合わせる。
❹ ③のチョコレート生地をおおよそ6等分し、②の生地の上に間隔をあけてのせる。
❺ 奥のチョコレート生地にゴムべらを差し込み、手前に引く（写真a）。同じことを2回行う（計3回／写真b）。
❻ ⑤の生地をすくって型に落とすように入れ、表面をならす。型を台に数回軽く打ちつけて余分な空気を抜く。
❼ 「バニラパウンドケーキ」の手順7～9と同様に170℃のオーブンで約35分焼く。型から取り出し、ケーキクーラーにのせて粗熱をとる。

チョコの生地を
通るように
ゴムべらを引く

a

b

混ぜすぎないよう
注意！

秘密にしたい
チーズケーキ

湯せん焼きでしっとり焼き上げた
濃厚な味わいのチーズケーキ。
コーヒーはもちろん、ワインとも相性よし。
本当は内緒にしておきたいくらい
お気に入りのレシピです。

Baked cheesecake

材料（直径12cmの丸型共底タイプ1個分）

ボトム
市販のクッキー …… 60 g
バター（食塩不使用）…… 20 g

チーズ生地
クリームチーズ …… 200 g
グラニュー糖 …… 60 g
バター（食塩不使用）…… 16 g
バニラビーンズペースト …… 5 g
全卵 …… 90 g
生クリーム（乳脂肪分42%）
…… 80 g
コーンスターチ …… 10g
レモン汁 …… 8 g

準備
・ボトム用とチーズ生地用のバターは室温にもどす。
・全卵は室温にもどす。
・型の底と側面にオーブンシート（またはクッキングシート）を敷く。
・湯せん焼き用の湯を沸かす。
・オーブンは焼く作業の15分前に天板ごと210℃に予熱し始める。

＼ この型を使いました ／

アルスター 共底デコ型 12cm
内寸：直径 12 ×高さ 6cm

作り方

ザクザクした食感が好きなら粗めに砕く

1
ボトムを作る。厚手のポリ袋にクッキーを入れ、袋の上からめん棒でたたいてこまかくし、バターを加えて袋の中で混ぜる。

めん棒の端はラップで覆うと洗わずに済む

2
型に1を入れて広げ、めん棒の端で押さえながら均一に敷き詰める。冷蔵室に入れて使う直前まで冷やしておく。

ボトムを冷やす理由
冷蔵室に入れておくとクッキーに混ぜたバターが冷えて固まり、崩れにくくなります。

こすとなめらかな口あたりに

6
茶こしでこす。レモン汁を加えて混ぜ合わせ、2の型に流し入れる。

advice
レモン汁を加えるととろみが出てこしにくくなるので、必ずその前にこすこと。

200℃ 焼き時間 **35分**

7
20cm四方のスクエア型に布巾を敷いて6を入れ、深さ約2cmまで熱湯を注ぐ。予熱したオーブンを200℃に下げ、スクエア型ごと入れて約35分焼く。

3

チーズ生地を作る。耐熱ボウルにクリームチーズを入れてラップをかけ、電子レンジ（600W）で約50秒加熱する。泡立て器で混ぜてクリーム状にし、グラニュー糖、バター、バニラビーンズペーストを加えてよく混ぜ合わせる。

4

溶きほぐした全卵を2〜3回に分けて加え、その都度よく混ぜ合わせる。

5

生クリームを加えて混ぜ合わせ、コーンスターチも加えて混ぜる。

共底の型がおすすめ

湯せん焼きするので、共底の型が適していますが、底取タイプの場合（または湯せんに向かない材質の型）はアルミホイルを2重にして底を覆って使用しましょう。

型から取り出すのは、冷蔵室に一晩おいた後！

8

取り出して型のまま冷ます。冷めたらラップをふんわりとかけ、型に入れたまま冷蔵室で一晩冷やす。

advice

スクエア型がない場合は布巾を敷いた天板にのせ、オーブンに入れた後に湯を手早く注ざます。焼く間に湯が蒸発したら足してください。

おいしく食べるコツ

焼いた当日はやわらかくて
カットしにくいです。
一晩冷蔵室におくと
生地が落ち着いて切り分けやすく、
味もなじんで濃厚になります。
取り出す時は上面にラップを沿わせて
手を添え、型ごと逆さにして。
取り出しにくい時は
型の底をガス火で温めてください。

Airio

Assorted cookies in a tin

贈ると喜ばれる
クッキー缶を手作り

見た目がかわいいクッキー缶に憧れるけれど、
何種類も作るのはちょっと大変。
そんなお悩みを解決する方法を考えました！
1つの生地で2種類を焼きます（下記を参照）。
サブレと絞り出しクッキー、これら2つの生地を
仕込めば4種類！　余力があれば味わいも印象も異なる
抹茶のラングドシャを仲間入りさせて。また、薄力粉は
さっくり焼き上がるエクリチュール（p.138）がおすすめです。

たった2つの生地で
キュートなクッキー缶が
完成！

1つの生地で2種類のクッキーを作る！

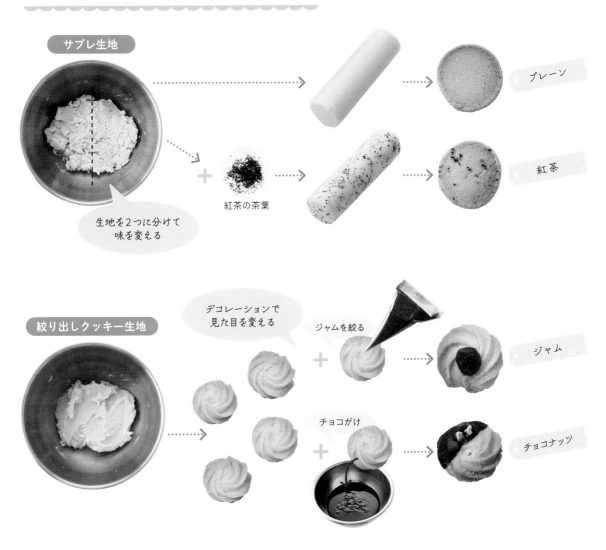

サブレ生地

プレーン

紅茶の茶葉

紅茶

生地を2つに分けて
味を変える

絞り出しクッキー生地

デコレーションで
見た目を変える

ジャムを絞る

ジャム

チョコがけ

チョコナッツ

1つの生地で2種類できる！

サブレ2種（プレーン／紅茶）

材料（直径約3cmのもの20〜22個分）

バター（食塩不使用）…… 50g

粉糖 …… 35g

塩 …… 少々

卵黄 …… 10g

A ┌ 薄力粉（エクリチュール）…… 80g
　└ アーモンドパウダー …… 20g

紅茶の茶葉（アールグレイ・ブロークン）
　…… 1g

グラニュー糖 …… 適量

advice

バターは指で押すとすっと入るやわらかさが目安（温度は20〜23℃）。

準備

・バターと卵黄は室温にもどす。

・Aは合わせてふるう。

・オーブンは焼く作業の15分前に180℃に予熱し始める。

＼ これ、使いました ／

cotta アールグレイ（ブロークン）
茶葉がこまかく砕いてあるので、そのままお菓子に使えて便利。ふつうの茶葉を使う時はこまかく刻むか、すり鉢ですりつぶしてください。50g入り／cotta

作り方

バターに空気をしっかり含ませることで軽い食感になる

1
ボウルにバター、粉糖、塩を入れてゴムべらで練り、クリーム状にする。ハンドミキサーに替えて、中〜高速で白っぽくなるまで混ぜ合わせる。

2
卵黄を加え、さらによく混ぜ合わせる。

さらにバットの裏でコロコロ

定規を使ってもOK！

6
台に取り出し、手で転がして直径約3cmの棒状にし、さらにバットの裏をあてて転がす。幅10cm、長さ20cmのクッキングシートで包み、カードをあてて生地を締めて形を整える。シートごとラップで包み、冷蔵室で1時間以上休ませる。

> **バットで転がすのはなぜ？**
> バットで転がすと太さが均一になり、指の跡がつきません。最後に幅10cmのシートで包んで引き締めれば、いつでも一定の大きさにそろえることが可能。

クッキー缶として数種類詰めることを考えて、1個のサイズを小さめ、
かつ1回にできる量は少なめのレシピにしています。
生地は棒状にした状態(手順6の最後)で冷凍できるので、倍量で仕込んで次回用にストックしても。

3
粉類（A）を再度ふるいながら加え、
ゴムべらで切るように混ぜる。粉
っぽさがなくなればOK。

4
ひとまとまりになったら、ボウル
にすりつけるようにして生地を均
一につなげていく。

5
生地を2等分し、一方には紅茶の
茶葉を加えて混ぜる。プレーン生
地と紅茶生地が完成。

advice

すりつける作業は10回以内
に！ やりすぎるとかたい
食感になってしまいます。

ポリ袋を使うと
後片づけがラク！

7
小さめのポリ袋にグラニュー
糖を入れる。生地のシートを
外して水を含ませたはけで表
面を湿らせてから袋に加え、
グラニュー糖をまぶす。

170℃
焼き時間
20分

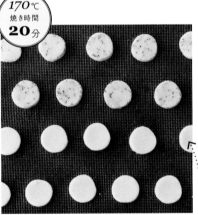

8
天板にシルパン(p.141)を敷き、7
を8mm厚さに切り分けて並べる。
予熱したオーブンを170℃に下げ、
約20分焼く。取り出してケーキ
クーラーにのせて冷ます。

advice

カット後に生地がやわらかい場合
は、一度冷蔵室（または冷凍室）
で休ませてから焼くときれいな形
に焼き上がります。

アレンジのコツ

デコレーションで種類を
多く見せる手も。
プレーンサブレにチョコがけして
（半面、全面、チョコの種類は
お好みで）、固まったらチョコを
線書きしてナッツや
フリーズドライのベリーを飾ります。
また、ここではプレーン生地が
ベースですが、ココア生地を
作りたい場合はアーモンドパウダーの
代わりにココアパウダー（無糖）14gを
加えてください。
焼く温度や時間は同じです。

Airio

1つの生地で2種類できる！
絞り出しクッキー2種（ジャム／チョコナッツ）

材料（直径約3cmのもの30個分）

バター（食塩不使用）…… 50g

粉糖 …… 25g

塩 …… 少々

全卵 …… 10g

A 薄力粉（エクリチュール）…… 60g
　アーモンドパウダー …… 10g

いちごジャム（＊）…… 20g

コーティング用チョコレート
（スイート）…… 40g

アーモンドダイス …… 適量

＊アヲハタ55を使用。違うものを使う場合は商品によって水分量が異なるので、仕上がりに多少差が出ることがあります。

準備

・バターと全卵は室温にもどす。

・Aは合わせてふるう。

・絞り袋に星口金（8切6）をセットする。

・アーモンドダイスは160℃で約6分から焼きする。

・オーブンは焼く作業の15分前に180℃に予熱し始める。

アレンジのコツ

ココア生地を作りたい場合は
アーモンドパウダーの代わりに
ココアパウダー（無糖）7gを
加えてください。
焼く温度や時間は同じです。

Airio

作り方

バターに空気を
しっかり含ませることで
軽い食感になる

1
耐熱容器にジャムを入れ、ラップをせずに電子レンジ（600W）で約1分20秒加熱する。温かいうちにコルネに移す。

advice
加熱前に器ごと重さを量り、加熱後に約8g水分が減るのが目安。

2
ボウルにバター、粉糖、塩を入れてゴムべらで練り、クリーム状にする。ハンドミキサーに替えて、中〜高速で白っぽくなるまで混ぜる。

途切れないように
絞り出す

6
天板にシルパット（またはオーブンシート）を敷く。5の生地を絞り袋に入れ、口金が垂直になるようにして、中央から「の」の字を書くようにぐるりと1周絞り出す。大きさは直径約3cmが目安。

＊わかりやすいよう背景を変えています。

生地がダレたら冷蔵室で冷やす
生地を絞った後にやわらかくなっている場合は、一度冷蔵室（または冷凍室）で休ませてから焼くとエッジが立ち、きれいな形に焼き上がります。

ベースの味は同じで、デコレーションを変えて２種類にしています。
ジャムは最初から絞ると流れ出てしまうので、ひと工夫。焼く途中で
取り出して絞り出します（戻してさらに焼く）。チョコがけは必ずクッキーが冷めてから！

すりつける作業は
10回以内に！

3
溶きほぐした全卵を加え、さらに
混ぜる。

4
粉類（A）を再度ふるいながら加え、
ゴムべらで切るように混ぜる。

5
粉っぽさがなくなったらボウルに
すりつけるように生地を均一につ
なげていく。

advice

ジャムを絞り出す間、オーブンは「焼成」
のままで！ この後オーブンに戻して
焼くので、170℃をキープします。

170℃
焼き時間
20分

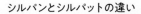

7
予熱したオーブンを170℃に下
げ、**6**を入れて約20分焼く。途
中、15分たったら取り出し、クッ
キーの半量の中央に**1**のジャム
を絞り出す。オーブンに戻し
てさらに焼く。取り出してケー
キクーラーにのせて冷ます。

シルパンとシルパットの違い

シルパン（p.141）とシルパット
は素材は同じですが、シルパン
には小さな穴が開いており、や
わらかい生地をのせて焼くと穴
が目詰まりを起こし洗うのが
大変。絞り出しクッキーやダッ
クワーズなどはシルパットが向
いています。シルパットはオー
ブンシートで代用可能。

8
コーティング用チョコレートを
湯せんにかけて溶かす。ジャム
を絞り出していない**7**のクッキ
ーの端にチョコをつけてクッキ
ングシートの上に置き、アーモ
ンドをのせる。冷蔵室に10〜
15分おいて冷やし固め、取り
出す。

抹茶のラングドシャ

材料（直径約3cmのもの30個分）

メレンゲ
　卵白 …… 35g（1個分）
　粉糖 …… 15g
バター（食塩不使用）…… 35g
粉糖 …… 15g
　　アーモンドパウダー …… 20g
A　薄力粉（エクリチュール）…… 18g
　　抹茶パウダー …… 2g
コーティング用チョコレート
　（ホワイト）…… 50g

準備

・卵白とバターは室温にもどす。
・Aは合わせてふるう。
・絞り袋に丸口金（直径1cm）をセットする。
・オーブンは焼く作業の15分前に170℃に予熱し始める。

\これ、使いました/

京都宇治抹茶パウダー 雅
抹茶は熱を加えると退色しやすいですが、こちらは新茶を使っていて風味がよく、焼き菓子に使っても美しい色に仕上がります。30g入り／cotta

作り方

ハンドミキサーの羽根は洗わず、次の作業に使ってOK！

1
メレンゲを作る。ボウルに卵白と粉糖を入れ、ハンドミキサーの中〜高速で泡立てる。角がやわらかく折れ曲がるくらいが目安。

advice
室温にした卵白は泡立ちやすく、それを防ぐために粉糖は最初に全量を加えています。

2
別のボウルにバターと粉糖15gを入れてゴムべらでクリーム状にし、ハンドミキサーに替えて、中〜高速で白っぽくなるまで混ぜる。

5
天板にシルパット（またはオーブンシート／p.47）を敷き、**4**を直径約2.5cmに絞り出す。口金が垂直になるようにして動かさず、1、2、3のリズムで絞り出し、最後に口金をくるっと回して生地を切る。

advice
焼くと少し広がるので、焼き上がりサイズの3cmよりもやや小さめに絞る。

緑がうっすら茶色になれば焼き上がり！

160℃
焼き時間
18分

6
予熱したオーブンを160℃に下げ、**5**を入れて約18分焼く。焼き色を確認して焦げていなければ、一度オーブンの扉をあけて少し庫内の温度を下げ、扉をしめてそのまま乾燥させる。

お菓子作りをしていると卵白が余ることがよくあります。そんな時にぴったりなのが、このラングドシャ。
薄焼きならではのサクッと軽い食感、抹茶のあざやかな色とホワイトチョコの取り合わせで
クッキー缶の中でちょっと目を引く存在に。

混ぜ終わると
こんな感じ！

3
2に1のメレンゲを5回に分けて加え、その都度混ぜ合わせる。気泡がつぶれることは気にしなくてOK！

卵白をメレンゲにして混ぜる理由
卵白は泡立てないととろとろの状態でバターと混ざりにくいのです。メレンゲにすることで混ざりやすく、また空気も含んで焼き上がりが軽い食感になります。

4
粉類（A）を再度ふるいながら加え、ゴムべらで粉っぽさがなくなるまで混ぜ合わせる。生地を絞り袋に入れる。

裏はこんな感じに！

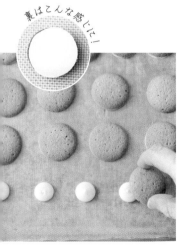

7
コーティング用チョコレートを湯せんにかけて溶かし、コルネに入れる。クッキングシートなどの上に直径約1.5cmに絞り出す（ラングドシャの個数分）。ラングドシャをチョコの上から押しあて、同じくらいの大きさまでチョコを広げる。

8
余ったチョコをラングドシャの上に線書きし、冷蔵室に10〜15分おいて冷やし固め、取り出す。

おいしく作るコツ
やわらかくしたバターに
卵白を混ぜる方法で
作っていましたが、卵白が
すべって混ぜにくくて……。
試行錯誤してたどり着いたのが
バターも卵白も空気を含ませて
合わせる方法。これならお菓子作り
初心者でも成功間違いなし。
プレーン生地を作りたい場合は
抹茶の代わりに
薄力粉を2g増やして20gに。
焼く温度や時間は同じです。

Airio

絞り袋と
コルネの扱い方

お菓子作りで登場頻度の高い絞り袋とコルネ。
基本をマスターするとスムーズに作業ができます。

絞り袋 デコレーションだけでなく、生地を型に入れる時にも活躍。絞り袋を使うと型の隅まできれいに入れられます。ホイップクリームの絞り出しは口金の形や大きさで変化がつけられます。

❶ 絞り袋に口金をセットする。口金は先が約1/3絞り袋から出るようにする。口金の少し上をひねって中に押し込む。

❷ 高さのある容器に絞り袋を入れ、入れ口側を外側に折り返してクリームや生地を詰める。

❸ カードや定規を使って中身を口金側に寄せる。入れ口をねじって中身が出ないように持ち、効き手と反対の手を添えて絞る。

使い方のコツ

絞り袋をひねって口金に押し込むのは、絞り出す前に中身が流れ出ないための栓の役割。ケーキやクッキー生地など流動性があまりない生地であれば省いても構いません。また、生地を絞り出す時は口金をセットせず、絞り袋だけで使うこともあります（口金を洗う手間が減る）。

Airio

コルネ ジャムや溶かしたチョコレートなど、少量を絞り出すのに使います。細さは先端の切り方で加減します。私は耐水性、耐湿性にすぐれた食品用のOPPシート（18cm四方）を使っています。

準備
正方形のOPPシートを
対角線で半分に切る。

```
B _____ C
  \                     /
   \                   /
    \                 /
     \               /
      \             /
       _____/
            A
```

❶ 頂点Aを手前に向ける。BとAが重なるように内側に巻く。

少し重なることで
強度が増す

❷ Cも同様にAに重なるように内側に巻く（円錐形になる）。先端がとがるように意識しながら、A、B、Cを少しズラす。

ここが
絞り口になる

❸ 裏の重なり部分をテープでとめる。円錐部分に絞り出したいものを詰める。

❹ 飛び出した上部は左右から内側に折り、さらに数回折り返してテープでとめる。先端を少し切り、絞り出す。

＊わかりやすいよう写真ではクッキングシートを使用

Step up

コツを徹底解説！

お店みたいな憧れスイーツ

シュークリームやシフォンケーキ、流行りのカヌレなど、
一度は作ってみたい憧れのお菓子をレクチャーします。
1章よりも少しステップアップ。一見むずかしそうに思える
お菓子もコツや理由がわかれば大丈夫！　写真が多めで
アドバイス満載なので、ぜひ挑戦してみてください。

フルーツ
バスケットシュー

表面がサクサクのクッキーシューに
取っ手をつけてカスタードクリームと
季節のフルーツを盛りつけました。
食べるのがもったいないくらいキュート。
おもてなしで出すと歓声が上がります。

材料（直径約6cm、高さ約10cmのもの6個分）

クッキー生地
バター（食塩不使用）…… 12 g	
粉糖 …… 15 g	
A	薄力粉 …… 12 g
	アーモンドパウダー …… 8 g

シュー生地
- バター（食塩不使用）…… 25 g
- 牛乳 …… 25 g
- 水 …… 25 g
- グラニュー糖 …… 3 g
- 塩 …… 少々
- 薄力粉 …… 30 g
- 全卵 …… 60 g

カスタードクリーム
- 卵黄 …… 36 g（2個分）
- グラニュー糖 …… 40 g
- バニラビーンズペースト（あれば）…… 5 g

B	薄力粉 …… 8 g
	コーンスターチ …… 8 g

- 牛乳 …… 200 g
- バター（食塩不使用）…… 20 g

生クリーム（乳脂肪分42%）…… 100 g
好みの果物、ミント …… 各適量

準備
・クッキー生地用、カスタードクリーム用のバターは室温にもどす。
・シュー生地用のバターと全卵は室温にもどす。
・クッキー生地用のA、カスタードクリーム用のB、シュー生地用
　の薄力粉はそれぞれふるう。
・絞り袋を2枚用意し、1枚には丸口金（直径1cm）をセットする。
・オーブンは焼く作業の15分前に190℃に予熱し始める。

Panier de chou
à la crème

作り方 ▶ クッキー生地を作る ▶

必ず冷凍室へ！

1

クッキー生地を作る。ボウルにバターと粉糖を入れ、ゴムべらで練ってクリーム状にする。粉類（A）を再度ふるいながら加え、切るように混ぜた後ボウルにすりつけ、ひとまとまりにする。

2

ラップ2枚ではさみ、めん棒で30×6cmに伸ばして冷凍室に20分ほどおく。直径6cmの抜き型で5枚分抜き、余った生地は同じくらいの円形に伸ばし、使う直前まで冷凍室におく。

> **クッキー生地を冷凍するのはなぜ？**
>
> 室温におくと生地の中のバターが溶け、焼いた時にサクサク感が損なわれます。またしっかり冷えていると型抜きしやすく、シュー生地にのせやすいです。

卵は最初は少し多め。少なすぎると卵に火が通ってしまう

この状態になれば、卵が少し余っていても作業は終了！

5

4をボウルに移して溶きほぐした全卵を少しずつ加え、その都度ハンドミキサーの中速でよく混ぜ合わせる（状態を確認しながら進める。全卵は残ることもある）。

advice

通常はゴムべらで混ぜますが、ハンドミキサーで混ぜるのがラクでおすすめ！

6

ゴムべらで生地を持ち上げると生地が逆三角形に垂れるくらいのかたさが理想。

7

天板にシルパン（p.141）を敷く。生地を丸口金をつけた絞り袋に入れ、直径約5cmに6個分絞り出す。残った生地は取っ手や飾りに使うので、コルネに移す。

advice

焼くとふくらむため、間隔をあけて絞ります。飾り用に使う分は18gほどあれば十分です（手順10で使用）。

しっかり
沸騰させる！

生地全体に
熱を入れるイメージ

3
シュー生地を作る。鍋にバター、牛乳、水、グラニュー糖、塩を入れて中火にかけ、沸騰させる。

4
火を止めて薄力粉を加え、耐熱のゴムべらでひとまとまりになるまで混ぜ合わせる。粉っぽさがなくなったら中火にかけ、生地をすりつけるように30秒ほど加熱する。

沸騰が不十分だとどうなるの？
シューは焼く時に中の水分が生地を押し上げてふくらみます。手順4で薄力粉を加えて練りますが、十分に沸騰したところに加えないと粉のデンプンがのり状にならず、生地がかたいままでふくらみが悪くなります。

鍋底に薄く膜が張る状態が目安
加熱終了の目安は一般的に「鍋底に薄い膜が張るようになったら」。ただ、フッ素樹脂加工が施された新しい鍋だと膜が張らないことも。その場合は、生地がひとまとまりになっていれば、次に進んで大丈夫です。

焼く ▶ **180℃** 焼き時間 **20分** ┄┄▶ **170℃** 焼き時間 **10分**　　　**170℃** 焼き時間 **6分**

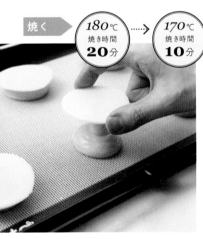

8
2のクッキー生地をのせる。予熱したオーブンを180℃に下げて約20分焼き、170℃に下げてさらに約10分焼く（合計約30分）。

advice
焼き始めてから30分はオーブンをあけないで！シューがしぼむ要因に。

9
全体にこんがりと焼き色がついていればOK！　取り出し、ケーキクーラーにのせて冷ます（手順10で使うので、オーブンは「焼成」のままで）。

10
天板にオーブンシートを敷き、7の生地をU字に9個分絞り（取っ手用）、残りを3cm大の花や小さなハート形に絞る（飾り用）。170℃のオーブンで約6分焼き、一度扉をあけて少し温度を下げ、扉をしめて余熱で乾燥させる。

advice
取っ手は折れやすいので、予備で多めに。焦げやすいので様子を見ながら焼くこと。

クリームを作る

**115 ページの
サンド用よりも
かため**

クリームをはさむ

11
60〜61ページを参照して**カス
タードクリーム**を作り、冷蔵
室で冷やす。冷えたら取り出
してボウルに入れ、ゴムべら
でよくほぐす。

advice

事前に作っておくか、
シュー生地を焼く間に
作業するとスムーズ！

12
生クリームを別のボウルに入
れ、底を氷水にあてながらハ
ンドミキサーの中速で角がし
っかりと立つまで泡立てる。
11に加えてゴムべらで切るよ
うに混ぜ合わせ（ディプロマッ
トクリームが完成）、絞り袋（口
金なし）に入れる。

13
シューを上から1/4の位置で
切り分ける。

advice

シューの上部はここでは使わない
ので、別で食べきってください。
クッキー生地に甘味があるので、
そのまま食べてもおいしいです。

14
シューの下部に**12**のクリーム
を等分に絞り出す。**10**の取っ
手を差し込み、果物をのせ、
花やハートの飾り、ミントを
あしらう。

**シンプルな
クッキーシューに
しても**

おいしく作るコツ

ふつうのシューよりも
むずかしく感じるかもしれませんが、
こちらのほうが成功率が高いです。
クッキー生地をかぶせることで
シュー生地の表面が乾きにくくなり
（焼く前に霧を吹く必要なし）、
焼く途中で爆発することもなく
しっかりふくらみます。
工程は多めですが、
順を追って丁寧に作業すれば
大丈夫ですよ！

Airio

パリブレスト

ディプロマットクリーム、ホイップクリーム、
キャラメルクリームの3種類を詰めた
ぜいたくな味わいのシューです。
丸く絞ったクリームがカフェっぽくて、
ほめられ率がかなり高いお菓子です。

Paris-Brest

材料

（直径約8cm、高さ約5cmのもの5個分）

シュー生地

- バター（食塩不使用）…… 25g
- 牛乳 …… 25g
- 水 …… 25g
- グラニュー糖 …… 3g
- 塩 …… 少々
- 薄力粉 …… 30g
- 全卵 …… 55g（1個分）
- アーモンドダイス …… 適量

キャラメルクリーム

- グラニュー糖 …… 15g
- 水 …… 5g
- 塩 …… 少々
- 生クリーム（乳脂肪分35〜42%）…… 30g

カスタードクリーム（p.60）…… 全量
生クリーム（乳脂肪分42%）…… 40g

仕上げ用クリーム

- 生クリーム（乳脂肪分42%）…… 80g
- グラニュー糖 … 5g

準備

- シュー生地用のバターと全卵は室温にもどす。
- シュー生地用の薄力粉はふるう。
- 絞り袋を3枚用意し、1枚には星口金（12切10）を、残りの2枚には丸口金（直径1cm）をセットする。
- 天板にシルパン（p.141）を敷く。直径5cmの抜き型に強力粉（分量外）をつけ、シルパンの上に生地を絞る位置の目印をつける。
- オーブンは焼く作業の15分前に190℃に予熱し始める。
- キャラメルクリーム用の生クリームは電子レンジ（600W）で約20秒加熱する。

作り方　▶ **シュー生地を作って焼く** ▶

54ページの「フルーツバスケットシュー」の手順**6**よりも少しかため。

1

54〜55ページ「フルーツバスケットシュー」の手順**3〜5**と同様にシュー生地を作る。ゴムべらで生地を持ち上げると生地が逆三角形に垂れ、端が少しギザギザした状態になるのが目安。

印の線の真上を通るイメージで絞る

2

星口金をつけた絞り袋に入れ、シルパンにつけた印に沿ってリング状に絞り出す。アーモンドを散らし、霧吹きで水を吹きかける。

霧を吹くのはなぜ？
生地の表面を水で濡らすと乾燥を遅らせることができ、ふくらみやすくなります。

これが絞り出し用のかたさ！

6

5で生クリームを泡立てたボウルに仕上げ用クリームの材料を入れ、すくうと角先が折れ曲がるかたさに泡立てる（絞り出し用／p.115）。丸口金をつけた絞り袋に入れる。

▶ **クリームをはさむ** ▶

7

3のシューを上から1/3の位置で切り分け、下部に**5**のディプロマットクリームを均等に絞り出す。

advice

ここでは150gほど使い、残りは手順**9**で使うので取っておく。

180℃
焼き時間
20分

→

170℃
焼き時間
10分

クリームを作る

115ページの
サンド用よりも
かため

3

予熱したオーブンを180℃に下げ
て約20分焼き、170℃に下げてさ
らに約10分焼く（合計約30分）。全
体にこんがりと焼き色がついてい
れば取り出し、シルパンごとケー
キクーラーにのせて冷ます。

advice

焼き始めてから30分は
オーブンをあけない！

4

61ページを参照して**キャラメル
クリーム**を作る。粗熱がとれたら
コルネに入れる。

advice

カスタードとホイップク
リームを合わせたものが
ディプロマットクリーム。

5

カスタードクリームをゴムべらで
よくほぐす。生クリーム40ｇを
別のボウルに入れ、底を氷水にあ
てながらハンドミキサーの中速で
角がしっかりと立つまで泡立る。
カスタードクリームに加えてゴム
べらで切るように混ぜ（ディプロマ
ットクリームが完成）、丸口金をつけ
た絞り袋に入れる。

8

4のキャラメルクリームのコ
ルネの先を少し切り、**7**で絞
り出したクリームに６カ所差
し込んで注入する。仕上げ用
に約1/3量残しておく。

advice

ここで使うキャラメル
クリームは2/3量ほど。

9

残りのディプロマットクリームと
6のホイップクリームをシュー１
個につき、３カ所ずつ丸く絞り出
す。

10

残りのキャラメルクリームを何周
か絞り出し、シューの上部をかぶ
せる。

Custard cream

保存期間
冷蔵で1～2日
冷凍 NG

カスタードクリーム

コクがあってとろ～りなめらかなクリーム。
ホイップクリームと合わせてシューやタルトに、
クレープやトライフルなど、使い道はいろいろ。
冷蔵後にほぐす時はハンドミキサーは厳禁!
コシが切れてゆるくなるのでご注意を。

材料（約270ｇ分）
卵黄 …… 36ｇ（2個分）
グラニュー糖 …… 40ｇ
バニラビーンズペースト …… 5ｇ
A ┌ 薄力粉 …… 8ｇ
　└ コーンスターチ …… 8ｇ
牛乳 …… 200ｇ
バター（食塩不使用）…… 20ｇ

準備
・バターは室温にもどす。
・Aは合わせてふるう。

ムダなく作るコツ

余った卵白は冷凍できます。
量がたまったら
フィナンシェ（p.26 ～ 27）や
「抹茶のラングドシャ」（p.48）、
ダックワーズ（p.73、76）で
消費しましょう。

Airio

❶ ボウルに卵黄とグラニュー糖、バニラビーンズペーストを入れて泡立て器ですり混ぜる。粉類（A）を加え、よく混ぜる。

❷ 鍋で牛乳を沸騰直前（約90℃）まで温める。①を泡立て器で絶えず混ぜながら、牛乳を少しずつ加える。

❸ 茶こしでこして牛乳を温めた鍋に入れ、バターを加える。

advice

牛乳は全量加えず、少し残すと鍋底に膜が張らず、鍋を続けて使えます。

Caramel cream

保存期間
冷蔵で4〜5日
冷凍OK

キャラメルクリーム

甘くてほろ苦いコクのあるクリームです。
マドレーヌやシフォンケーキ生地に混ぜるほか、
パンケーキやアイスクリームにかけても。

材料（約70g分）
グラニュー糖 …… 30g
水 …… 10g
塩 …… 少々
生クリーム（乳脂肪分35〜42%）…… 60g

準備
・生クリームは電子レンジ（600W）で約30秒加熱する。

ときどき鍋を
ゆすりながら加熱する

❶ 鍋にグラニュー糖、水、塩を入れ、鍋を傾けてなじませて中火にかける。グラニュー糖が溶け、最初は白い泡が立つ。

❷ 次第に全体が色づき始め、カラメルの香りがしてくる。濃い茶色になったら火を止める。

粗熱がとれたら
容器やコルネへ

❸ 生クリームを加え、鍋をゆすってぶくぶくした状態が落ち着いてきたら、耐熱のゴムべらで混ぜ合わせる。

重くなっても
加熱を続ける！

❹ 中火にかけ、ワイヤー部分がシリコン製の泡立て器で絶えず混ぜる。とろみがつき、だんだんクリームが重くなってくる。

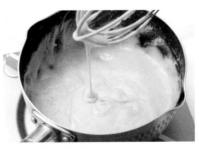

❺ 混ぜ続けるとクリームのコシが切れ、さらっと軽い状態になる。たらりと流れ落ちるようになったら火を止める。

❻ ラップでぴったりと包み、保冷剤をのせて冷蔵室で急冷する。

advice

傷みやすいので室温で冷まさず、
必ず冷蔵室へ。

61

Lemon chiffon cake

レモンシフォンケーキ

ふわっふわな食感に焼き上げる秘訣は2つ!
1つは角がしっかり立ったメレンゲを作ること。
もう1つは混ぜすぎてせっかくの泡を消してしまわないこと。

材料（直径17×高さ8cmのシフォンケーキ型1個分）
卵黄 …… 54 g（3個分）
グラニュー糖 …… 25 g
米油（またはサラダ油）…… 30 g
熱湯 …… 25 g
レモン汁 …… 15 g
A｜薄力粉 …… 65 g
　｜ベーキングパウダー …… 2 g
レモンの皮のすりおろし …… 1/2個分
メレンゲ
　卵白 …… 140 g（4個分）
　グラニュー糖 …… 40 g

準備
・卵白は使う直前まで冷蔵室におく。
・Aは合わせてふるう。
・型の筒部分にクッキングシートを巻く（端は
　筒の内側に折り返す）。
・オーブンは焼く作業の15分前に天板ごと180
　℃に予熱し始める。

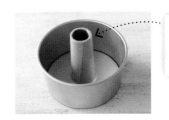

advice
シートを巻くのは、
ケーキを型から取り
出しやすくするため。

＼この型を使いました／

アルミシフォンケーキ型
直径17×高さ8cm

作り方

1
米油、熱湯、レモン汁を混ぜ合わせる。

2
卵黄とグラニュー糖をボウルに入れ、泡立て器で混ぜ合わせ、1を加えて混ぜる。

3
粉類（A）を再度ふるいながら加え、粉っぽさがなくなるまで混ぜ合わせ、レモンの皮を加える。

ぐるぐる混ぜない！
すくい上げて混ぜる

4
65ページを参照してメレンゲを作る。角がピンと立った後、ゆっくりと折れ曲がるくらいのかたさが目安。

5
メレンゲをゴムべらでひとすくいして**3**に加え、泡立て器で混ぜ合わせる。

6
5をメレンゲのボウルに戻し、泡立て器で15回混ぜ合わせる。泡立て器ですくい上げ、ワイヤーの間から生地を落とし、またすくい上げる。この混ぜ方なら気泡がつぶれにくい。

ひとすくい混ぜるのはなぜ？
メレンゲはもこもこして卵黄生地はたらりとした状態。かたさが違うもの同士は混ざりにくいため、先にメレンゲの一部を混ぜてかたさを近づけています。

170℃
焼き時間
30分

8
生地を型に入れ、筒と本体を手で押さえながら左右に数回揺らし、台に数回軽く打ちつけて生地の中の余分な空気を抜く。

9
ゴムべらで表面をならし、菜箸を2～3cm深さまで差し込み、放射状に筋をつける。

advice

筋をつけると蒸気の通り道ができ、きれいに割れて焼き上がります。

10
予熱したオーブンを170℃に下げ、**9**を入れて約30分焼く。型を約10cmの高さから台に落とし、中の熱い蒸気を抜く。

台に落とす理由
焼き縮みを防ぐためです。ケーキの中に熱い蒸気が残っていると、冷める間に冷えてへこむ要因に。1回落とせばOK。

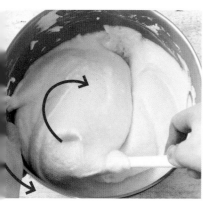

7

ゴムべらに替え、底から生地を返すように混ぜながら、同時にボウルは反時計回りに60度ずつ回して13〜15回混ぜ合わせる。

advice

混ぜ終わりはもったりした状態になります。

取り出し方は
67ページをチェック！

11

逆さにして筒部分を瓶にさしてそのまま粗熱がとれるまでおく。

advice

逆さにしないとケーキ自体の重みでしぼみます。また、冷める前に型から出すのもNG。冷めて状態が安定してから取り出し、冷蔵室で保存します。

卵白の泡立て方（メレンゲを作る）

卵白はよく冷やしたものを用意してください。
砂糖にはきめを整え、泡を安定させる働きがあり、
状態を見ながら3回に分けて加えます。
また、ボウルに油分や水分が残っていると
泡立たないので、事前にしっかりチェックを。

材料　　　直前まで
冷蔵室におく
卵白
グラニュー糖
＊分量はレシピに合わせて用意

❶　ボウルに卵白を入れ、泡立て器で溶きほぐしてコシを切る。グラニュー糖の1/3量を加えてハンドミキサーの中〜高速で攪拌する。

この状態で2回目の
グラニュー糖を！

❷　もこもこと泡立ってきたら2回目のグラニュー糖（1/3量）を加える。

この状態で3回目の
グラニュー糖を！

❸　続けて攪拌し、羽根ですくうと下に積もって形が残るくらいになったら残りのグラニュー糖（1/3量）を加える。

つやつやの
メレンゲが完成！

❹　さらに攪拌し、角が立ってきたら泡立て器に替えてきめを整える。すくうと角がピンと立った後に軽く折れ曲がるかたさにする。

arrange recipe

キャラメルマーブル
シフォンケーキ

コクがあってほろ苦いキャラメル味は、
コーヒーとも紅茶とも相性よし!
キャラメルクリームはとろりとした状態(25~30℃)で使うと
生地と混ざりやすいです。かたい場合はレンジで軽く温めて。

170℃
焼き時間
30分

材料 (直径17×高さ8cmのシフォンケーキ型1個分)

卵黄 …… 54 g (3個分)

グラニュー糖 …… 25 g

米油 (またはサラダ油) …… 30 g

熱湯 …… 40 g

A┃薄力粉 …… 65 g
　┃ベーキングパウダー …… 2 g

メレンゲ
　卵白 …… 140 g (4個分)
　グラニュー糖 …… 40 g

キャラメルクリーム
　グラニュー糖 …… 15 g
　水 …… 5 g
　塩 …… 少々
　生クリーム (乳脂肪分35~42%) …… 30 g

準備

・卵白は使う直前まで冷蔵室におく。

・Aは合わせてふるう。

・生クリームは電子レンジ (600W) で約20秒加熱する。

・型の筒部分にクッキングシートを巻く (端は筒の内側に折り返す)。

・オーブンは焼く作業の15分前に天板ごと180℃に予熱し始める。

作り方

❶ 61ページを参照して**キャラメルクリーム**を作り、25~30℃まで冷ます。

❷ 63~65ページ「**レモンシフォンケーキ**」の手順**1**~**7**を参照してプレーン生地を作る (手順**1**でレモン汁は入れず、手順**3**でレモンの皮は加えない)。

❸ キャラメル生地を作る。②の生地を40g取り分けて①に加え、泡立て器でよく混ぜ合わせる (写真a)。

❹ ③を②のプレーン生地に戻し入れ、ゴムべらで切るように3~4回混ぜ、マーブル模様を作る (写真b)。

❺ 「レモンシフォンケーキ」の手順**8**~**9**と同様に生地を型に入れる。

❻ 予熱したオーブンを170℃に下げ、⑤を入れて約30分焼く。型を約10cmの高さから台に落として中の熱い蒸気を抜き、逆さにして筒部分を瓶にさして粗熱がとれるまでおく。

> **混ぜ残しは空洞の要因に**
>
> キャラメルクリームに加える生地量は40gを守ってください。目分量で多く加えるとマーブル模様が薄くなります。また、混ぜ残しがあると、焼き上がりで空洞ができやすいので、手順❸でしっかり混ぜることも大事。

混ぜすぎないよう
注意!

a

b

シフォンケーキを
型から取り出す時は…

型とケーキの間にパレットナイフを差し込んで型にしっかりと押しつけ（写真左）、型をゆっくり動かして1周させ、外側の型を外す（ケーキの側面を薄くこそげ取るイメージ）。内側の型の底とケーキの間にパレットナイフを差し込み（写真右）、1周させてケーキを外す。最後に筒に巻いたシートを取り除く。

Unbaked cheesecake

おいしく作るコツ

板ゼラチンのほうがふやかす時間が短く、
お菓子の仕上がりがなめらかですが、粉ゼラチンでも作れます。
粉ゼラチン5gを水20gに振り入れて
10分おいてふやかし、手順2で加えます。

Airio

スコップレアチーズケーキ

なめらかなレアチーズケーキにザクザクのクランブル、
ふんわりしたホイップクリームなど、食感の違うものを
トッピング。季節のフルーツで彩りもばっちりです!
ほうろう容器はしっかり冷やせて保存にも便利。
食べる分ずつすくって取り分けてくださいね。

材料 (14×14×高さ5.5cmのほうろう容器1個分)

チーズ生地

クリームチーズ …… 200 g

グラニュー糖 …… 50 g

板ゼラチン …… 5 g

牛乳 …… 40 g

レモン汁 …… 12 g

生クリーム (乳脂肪分42%) …… 160 g

クランブル (p.71) …… 全量

仕上げ用クリーム

生クリーム (乳脂肪分42%) …… 40 g

コンデンスミルク (加糖) …… 8 g

好みの果物、ピスタチオ (あれば)、

ミント (あれば) …… 各適量

準備

・71ページを参照して**クランブル**を作り、冷ます。

・ピスタチオはクランブルを焼く時に残り2分で
天板にのせて一緒に焼き、冷めたら刻む。

・ゼラチンは氷水でふやかす。

・絞り袋に星口金 (12切10) をセットする。

氷水でふやかすのはなぜ?

板ゼラチンはぬるい水につけると溶け
てしまい、凝固力が弱くなることも。
ふやかす時は氷水を使いましょう。

グラスデザートにしても

グラスや使いきりカップに1
人分ずつ作っても。クランブ
ルとチーズ生地、ジャムを重
ね、上面にホイップクリーム
と好みの果物をあしらうだけ。

作り方

1
チーズ生地を作る。クリームチーズを耐熱ボウルに入れ、ラップをかけて電子レンジ (600W) で約50秒加熱する。泡立て器で混ぜてクリーム状にし、グラニュー糖を加えて混ぜ合わせる。

溶け残りのないよう
しっかり混ぜる

2
別の耐熱ボウルに牛乳を入れ、電子レンジ (600W) で30秒加熱する。ゼラチンの水気をしっかりきって加え、泡立て器で混ぜて溶かす。

3
2を**1**に加え、よく混ぜ合わせる。しっかり混ざったらレモン汁を加えて混ぜる。

advice
レモン汁を入れると生地が少し締まります。

5
4の1/2量を**3**に加え、しっかり混ぜる。残りの**4**を加え、ゴムべらに替えてまんべんなく混ぜ合わせる。

advice
一度に加える量が多いと混ざりにくいため、2回に分けて混ぜます。

残りのクランブルは
トッピングに使う

6
容器の底に**クランブル**の1/2量を敷き詰める。

7
5を流し入れ、容器を少しゆすって平らにする。ふたをして冷蔵室で半日ほど冷やし固める。

ムース用の
かたさにする

4
別のボウルに生クリーム160gを
入れ、底を氷水で冷やしながら泡
立てる。泡立て器ですくうととろ
りと流れ落ちるかたさにする（ム
ース用／p.114）。

Crumble

仕上げ用クリーム

8
仕上げ用クリームの材料をボウル
に入れて底を氷水で冷やしながら
泡立て、すくうと先がゆっくり折
れ曲がるかたさにする（絞り出し用
／p.115）。絞り袋に入れ、**7**に丸
く絞り出す。すき間に残りのクラ
ンブルをのせ、果物や刻んだピス
タチオ、ミントを飾る。

クランブルの作り方

保存期間
常温で約7日
＊密閉容器に入れた状態で

サクサクしてほろりと崩れる食感で
マフィンやタルトのトッピングに大活躍。
アイスクリームやヨーグルトにかけても。

材料（作りやすい分量）

A ┌ 薄力粉 …… 45 g
　└ アーモンドパウダー …… 15 g
ブラウンシュガー …… 30 g
塩 …… 少々
バター（食塩不使用）…… 30 g

準備
・ Aは合わせてふるい、冷蔵
　室におく。
・ バターは1cm角に切って使
　う直前まで冷蔵室におく。

カードを使ってもOK！

❶ ボウルにバター以外の材
料を合わせて泡立て器で混ぜ
る。バターを加えて指先です
りつぶすようにしながら粉を
まぶし、バターをこまかくす
る。

大きさの調整は
この段階で！

❷ 粉っぽさがなくなったら、
手で握っては崩す作業を繰り
返し、そぼろ状にして冷蔵室
におく。オーブンを180℃に
予熱し始める。

170℃
焼き時間
13〜15分

❸ シルパン（p.141）を敷いた
天板に❷をのせてならし、予
熱したオーブンを170℃に下
げ、13〜15分焼く。焼けた
らシルパンごとケーキクーラ
ーにのせて冷ます。

advice

途中へらで上下を返すように
混ぜるとムラなく焼けます。

Dacquoise en forme de cœur

ハートのダックワーズ

サクッ&ふわっとした軽い食感のダックワーズ生地に
いちごミルクガナッシュをサンドしました。
型を使って焼くレシピもありますが、
ここでは絞り袋を使って絞り方にひと工夫。
少しふぞろいになっても、それはそれでかわいい!

材料（約5×4cmのもの8個分）

メレンゲ

卵白 …… 60 g

グラニュー糖 …… 18 g

A
アーモンドパウダー …… 36 g
薄力粉 …… 10 g
粉糖 …… 30 g

粉糖（仕上げ用）…… 適量

ガナッシュ

製菓用チョコレート（ホワイト）…… 15 g

製菓用チョコレート（ストロベリー）…… 15 g

生クリーム（乳脂肪分42%）…… 15 g

仕上げ用

コーティング用チョコレート（ホワイト）…… 30 g

フリーズドライフランボワーズブリゼ …… 適量

準備

・卵白は使う直前まで冷蔵室におく。

・Aは合わせてふるい、冷蔵室で冷やす。

・絞り袋を2枚用意し、1枚には丸口金（直径1.3cm）
をセットする。

・オーブンは焼く作業の15分前に180℃に予熱し
始める。

＼これ、使いました／

**cotta フリーズドライ
フランボワーズブリゼ**
フリーズドライ加工したフラ
ンボワーズをこまかく砕いた
もの。色がきれいなのでトッ
ピングにぴったり。10g入り
／cotta

デコレーションを
変えて楽しむ!

デコレーションのチョコの種
類を変えたり、線状に絞った
後にハートや花の形に絞り出
して模様をつけるなど、いろ
いろ楽しめます（ハート形の
ほか、76ページ「ダックワー
ズショコラ」のように円形に
しても）。

advice

ガナッシュをはさんでいるた
め、保存は冷蔵室で! 食べる
時は室温にもどしてください。

作り方

65ページの仕上がりよりもかため

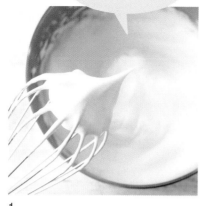

1
65ページ「卵白の泡立て方」を参照して、角がピンと立ったしっかりしたメレンゲを作る。

2
粉類（A）を再度ふるいながら加え、最初はゴムべらで切るように混ぜる。

advice
メレンゲの中に粉を分散させるイメージです。

3
ある程度粉が分散したら、底から返すように大きくすくって混ぜる。粉っぽさがなくなり、もこもことして流動性がない状態になったら、丸口金をつけた絞り袋に入れる。

トッピングはチョコが固まる前にのせる

7
パットの裏にオーブンシートを敷く。コーティング用チョコレートを湯せんにかけて溶かし、**6**の1/2量（8個）の端を浸してシートにのせる。作業が終わったら、冷蔵室で10〜15分冷やし固める。

advice
急ぐときは冷凍室に5分おいてください。

8
7で余ったチョコレートをコルネに入れ、チョコがけしたダックワーズの上に線状に絞り、フランボワーズブリゼを散らす。

9
ガナッシュを作る。耐熱のボウルにガナッシュの材料を入れ、電子レンジ（600W）で約30秒加熱する。チョコレートがゆるむまで待って混ぜ合わせ、すくって形が保てるくらいのかたさまで冷ます。

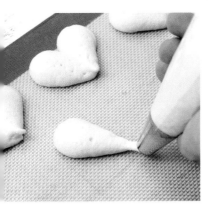

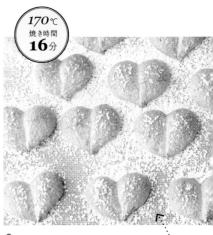

170℃
焼き時間
16分

4

天板にシルパット（またはオーブン
シート／p.47）を敷き、**3**をしずく
形をイメージして左右から絞り出
し、ハート形にする。計16個分
絞り出す。

5

茶こしで生地の表面に仕上げ用の
粉糖を振る。粉糖が消えたら、同
様にしてもう一度粉糖を振る。

6

予熱したオーブンを170℃に下げ、
5を入れて約16分焼く。取り出し、
シルパットにのせたまま冷ます。
冷めたらシルパットの裏から指で
押し出すようにしてそっとはがす。

粉糖を振るのはなぜ？

生地の水分で粉糖が溶け、それがオーブン
に入れると結晶化し、外がザクッとした食
感に焼き上がります。1回振るだけでは表
面を十分に覆いきれないので、2回行います。

advice

底面は火の通りがよく、かたくな
りがち。私は下火をやわらげるた
めに、シルパットの下にコピー用
紙を2枚敷いています。

10

残りの**6**（8個）を平らな面を上に
して並べる。**9**を絞り袋（口金なし）
に入れて均等に絞り出し、**8**（チ
ョコがけしたほう）をかぶせる。

advice

ダックワーズをのせると少
し広がるため、周囲をあけ
てガナッシュを絞り出す。

おいしく作るコツ

ダックワーズはバタークリームを
はさむレシピが主流ですが、
バタークリームはむずかしいので、
溶かしたチョコと生クリームを
混ぜるだけの簡単ガナッシュに。
私は、お菓子作りで余りがちな
卵白を冷凍ストックしていて
（卵白貯金と呼んでいる）、
ダックワーズはそんな卵白の消費にぴったり。
ガナッシュをはさまずに
デコレーションケーキや
ムースケーキなどに飾るのもおすすめです。

Airio

75

arrange recipe

ダックワーズショコラ

ダックワーズ生地を丸く絞り出し、
ガナッシュをミルクチョコにアレンジ。
カカオニブはアーモンドダイスでも。

材料（直径約5cmのもの9個分）

メレンゲ

　卵白 …… 60g

　グラニュー糖 …… 18g

A
　アーモンドパウダー …… 36g
　薄力粉 …… 5g
　ココアパウダー（無糖）…… 4g
　粉糖 …… 30g

粉糖（仕上げ用）…… 適量

ガナッシュ

　製菓用チョコレート（ミルク）…… 30g

　生クリーム（乳脂肪分42％）…… 15g

仕上げ用

　コーティング用チョコレート（スイート）
　　…… 30g

　カカオニブ（p.80）…… 適量

準備

73ページ「ハートのダックワーズ」と同様
の準備を行う。

170℃
焼き時間
16分

作り方

❶　74〜75ページ「ハートのダックワーズ」の手順**1**〜**3**と同
様にしてダックワーズ生地を作る。

❷　天板にシルパット（またはオーブンシート／p.47）を敷き、①を
絞り袋に入れて直径約4cmに絞り出す。1、2、3のリズムで
絞り、最後に口金をくるっと回して生地を切る。計18個分絞り
出す（写真）。

❸　「ハートのダックワーズ」の手順**5**〜**6**と同様に仕上げ用の
粉糖を振り、170℃のオーブンで約16分焼き、取り出して冷ます。

❹　「ハートのダックワーズ」の手順**7**〜**8**と同様に、コーティ
ング用チョコレートを③の1/2量（9個）の端につけ、余ったチ
ョコを線状に絞る。チョコが固まる前にカカオニブを散らす。

❺　「ハートのダックワーズ」の手順**9**〜**10**と同様にガナッシ
ュを作り、残りの③（9個）に均等に絞り出し、④をかぶせる。

口金は垂直にして
動かさない！

レモンケーキ

さわやかなレモン風味の
ふんわり口どけのよいケーキです。
ころんとかわいい形はどこか懐かしく、
グラスアロー（砂糖衣）でつやつやに仕上げると、
お店で買ってきたみたいなクオリティに。

Lemon cake

材料 （約8×5cmのもの8個分）

全卵 …… 70g

グラニュー糖 …… 50g

はちみつ …… 8g

A | 薄力粉 …… 46g
　 | アーモンドパウダー …… 12g
　 | ベーキングパウダー …… 1g

バター （食塩不使用） …… 23g

米油 （またはサラダ油） …… 23g

牛乳 …… 8g

レモン汁 …… 14g

グラスアロー

　 | 粉糖 …… 80g
　 | レモン汁 …… 16g

準備

・全卵は室温にもどす。

・Aは合わせてふるう。

・型の内側に室温にもどしたバター
　（食塩不使用・分量外）を塗り、
　冷蔵室で15分ほど冷やした後に
　強力粉（分量外）を振り、余分な粉
　を落とす。

・オーブンは焼く作業の15分前に
　天板ごと190℃に予熱し始める。

advice

全卵を泡立てて作る生地は型に
くっつきやすいので、型をバター
と粉でコーティングしておきます。

作り方

1

バター、米油、牛乳、レモン汁は
合わせて湯せんにかけ、バターを
溶かし、約50℃に保温する。

advice

レモン汁は冷凍できます。
冷凍用保存袋に入れてシー
ト状に冷凍すると、必要量
を折って使えて便利です。

2

ボウルに全卵、グラニュー糖、
はちみつを入れ、湯せんにか
けてハンドミキサーの低速で
混ぜながらグラニュー糖を溶
かし、36〜38℃まで温める。

advice

人肌くらいに温めると卵が
泡立ちやすくなります。

混ぜ足りないと
生地が空気を
含みすぎて
焼き縮みの要因に

6

5のひとすくい分を1に加えて混ぜ合わせる。5のボウル
に戻し、ゴムべらでまんべんなく混ぜ合わせる。すくうとリ
ボン状に落ち、跡がうっすら残る状態が混ぜ終わりの目安。

生地の状態をしっかり見極める

混ぜることで生地の中の空気の量を調整しています。
生地をすくってみて跡がまったく残らないのは混ぜすぎ、
もこもこした状態で残るなら混ぜ足りません。

＊松永製作所 シルバーレモン天板8P（1個あたりの内寸：7.8×5.3×高さ3cm、8個取り）を使用。

3

湯せんから外して高速で泡立てる。白っぽくもったりした状態になり、垂らすと8の字が書け、その跡が残るくらいになるのが目安。

手順2〜4の終わりまで、泡立て時間は約7分

4

中速にして約2分間泡立てる。続けて低速で同じ場所を約10秒ずつ1周泡立て、きめを整える。

advice

同じ場所を10秒泡立てたらボウルを少し回転させ、また10秒。これを繰り返すと生地全体が均一な状態になります。

粉っぽさがなくなるまで！

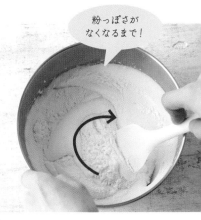

5

粉類（A）を再度ふるいながら加え、ゴムべらで底からすくって混ぜる。大きくすくい、生地を向こう側へ落とすイメージで粉っぽさがなくなるまで混ぜる。

180℃ 焼き時間 13〜14分

焼き上がりはこんな感じに！

7

生地を型に等分に入れる。予熱したオーブンを180℃に下げ、13〜14分焼く。型を約5cmの高さから台に落とし、中の熱い蒸気を抜き、型から取り出してケーキクーラーにのせて粗熱をとる。

advice

きれいな焼き色がついたら、時間前でも取り出してください。

ケーキは必ず冷めた状態で！

8

天板にクッキングシートを敷き、耐熱の網を置く。**グラスアロー**の材料を混ぜ合わせ、**7**の上面を下にしてグラスアローをからめ、網にのせる（作業の前にオーブンを200℃に予熱し始める）。

200℃ 焼き時間 1〜2分

表面がつやつやに！

焼く前　焼いた後

9

200℃のオーブンで1〜2分焼き、グラスアローを乾燥させる。網ごと取り出し、粗熱をとる。

advice

オーブンに入るサイズの網がない場合はクッキングシートを敷いた天板にのせて焼き、取り出してシートごとケーキクーラーにのせてください。

コーヒーケーキ

コーヒーがふわっと香る
リッチなバターケーキ。
中にコンデンスミルクで甘味をつけた
ホイップクリームを
詰めてもおいしいですよ。

材料 (約8×5cmのもの8個分)
全卵 …… 70 g
グラニュー糖 …… 50 g
はちみつ …… 8 g
A ┃ 薄力粉 …… 46 g
  ┃ アーモンドパウダー …… 12 g
  ┃ ベーキングパウダー …… 1 g
バター (食塩不使用) …… 23 g
米油 (またはサラダ油) …… 23 g
牛乳 …… 8 g
インスタントコーヒー …… 3 g
コーティング用チョコレート (スイート)
    …… 40 g
カカオニブ …… 適量

準備
78ページ「レモンケーキ」と同様の準備を
行う。

180℃
焼き時間
13〜14分

作り方
❶ バターと米油を合わせて湯せんにかけ、バターを溶かす。
牛乳にインスタントコーヒーを溶かしたものを加え、約50℃に
保温する。
❷ 78〜79ページ「レモンケーキ」の手順2〜6と同様に生地
を作る (写真)。
❸ 生地を型に等分に入れ、予熱したオーブンを180℃に下げ、
13〜14分焼く。型を約5cmの高さから台に落とし、中の熱い蒸
気を抜き、型から取り出してケーキクーラーにのせて粗熱をと
る。
❹ コーティング用チョコレートを湯せんにかけて溶かし、コ
ルネに入れてケーキの上に絞り出し、カカオニブを散らす。冷
蔵室で10〜15分冷やし固める。

＼ これ、使いました ／

カカオニブ
焙煎したカカオ豆を砕いたも
ので、カカオ特有の香りと苦
味がある。なければ、アーモ
ンドダイスで代用しても。

フロランタン

クッキー生地の厚み、アパレイユやナッツの量など
絶妙のバランスなので、ぜひ挑戦してみてください。
高カロリーとわかっていても、毎回おいしさにあらがえず
切れ端をいくつも味見しちゃいます（作った人の役得！）。

Florentin

81

材料（4cm四方のもの25個分）

クッキー生地

バター（食塩不使用）…… 75 g

粉糖 …… 60 g

塩 …… ひとつまみ (0.5 g)

全卵 …… 25 g

A｜薄力粉（エクリチュール）…… 120 g
　｜アーモンドパウダー …… 30 g

アパレイユ

生クリーム（乳脂肪分42%）…… 30 g

バター（食塩不使用）…… 30 g

グラニュー糖 …… 45 g

はちみつ …… 20 g

塩 …… ひとつまみ (0.5 g)

アーモンドスライス …… 70 g

advice
> バターは指で押すとすっと入るやわらかさが目安（温度は20〜23℃）。

準備

・クッキー生地用のバターと全卵は室温にもどす。

・アパレイユ用の生クリームとバターは室温にもどす。

・Aは合わせてふるう。

・アーモンドスライスは160℃で約6分から焼きする。

・オーブンは焼く作業の15分前に180℃に予熱し始める。

作り方

卵は一度に多く加えると分離するので注意！

1

クッキー生地を作る。ボウルにバター、粉糖、塩を入れてゴムべらでクリーム状にし、ハンドミキサーに替えて中〜高速で白っぽくなるまで混ぜる。溶きほぐした全卵を2〜3回に分けて加え、その都度よく混ぜ合わせる。

2

粉類（A）を再度ふるいながら加え、ゴムべらで切るように混ぜる。

advice
> バターと卵がしっかりと混ざった状態（乳化）を確認して、次の卵を加えること。

advice
> 手順7〜8の間、オーブンは「焼成」のままで！

170℃
焼き時間 **20分**

6

予熱したオーブンを170℃に下げ、5を入れて約20分焼き、天板ごと取り出す。周囲に薄く焼き色がついた状態が目安。

煮詰め加減の確認方法

温度計がない場合は、氷水にアパレイユを少量垂らしてみて、グミ状に固まればOK！ すぐに溶けてなくなる場合は、さらに煮詰めてください。

7

アパレイユを作る。鍋にアーモンド以外の材料を入れて中火にかけ、温度計で確認しながら117℃まで煮詰める。火を止めてアーモンドを加え、耐熱のゴムべらで混ぜ合わせる。

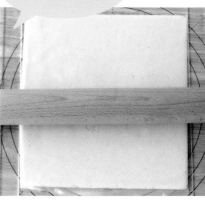

ルーラー (p.142) を使うと均一に伸ばせて便利

3
粉っぽさがなくなったらボウルにすりつけるようにして生地をつなげる。ポロポロした生地がまとまってなめらかになったら、生地の完成。

advice
すりつける作業は 10 回以内に！ やりすぎるとかたい食感になってしまいます。

4
ラップで生地を包み冷蔵室で 1 時間以上休ませる。

5
生地をラップ 2 枚ではさみ、めん棒で 5mm 厚さ、22cm 四方に伸ばす。冷蔵室で 30 分休ませた後、シルパンを敷いた天板にのせる。

シルパンがなければピケを！

シルパン (p.141) を使うと裏面が浮かずにきれいに焼け、生地の余分な水分が抜けてサクサクに。シルパンがない場合は、生地の裏面全体にフォークで穴をあけて（ピケ）焼いてください。

焼き時間は焼き色を見て判断

170℃ 焼き時間 20～25分

8
6 のクッキーの上面に 7 をのせ、周囲 1cm を残して耐熱のゴムべらで手早く均一に広げる。

advice
この後オーブンで焼くと少し広がるので、1cm あけておく。

9
170℃ のオーブンで 20～25 分焼き、シルパンごとケーキクーラーにのせる。焼きたてはアパレイユがやわらかいが、冷めると固まる。

10
温かいうちに裏面を上にして周囲を 1cm ずつ切り落とし、縦横に 5 等分に切り分ける。

advice
アパレイユの面を上にすると切る時に割れやすいです。また、冷めると固まってきれいに切れないので、必ず温かいうちに！

意外と簡単！
タルト生地をマスターしよう

口の中でサクッほろっと崩れるタルトはカスタードクリームや
フルーツと相性がよく、いろいろと応用がききます。
タルト型ではなく、底がないタルトリング（p.142）とシルパン（p.141）を
使って焼くと熱の伝わりや通気性がよく、
驚くほどサクサクに焼き上がるので、ぜひ試してみてください。

Surprisingly easy!
Let's master tart crust recipe

21cm
24cm
27cm
30cm

タルト生地の作り方

（生地作り〜型への敷き込み）

材料（直径16cmのタルトリング1個分）

タルト生地

バター（食塩不使用）…… 35 g

粉糖 …… 17 g

塩 …… 少々

全卵 …… 10 g

A 薄力粉（エクリチュール）…… 60 g
アーモンドパウダー …… 10 g

打ち粉 …… 適量

advice

バターは指で押すとすっと入るやわらかさが目安（温度は 20 〜 23℃）。

準備

・バターと全卵は室温にもどす。

・Aは合わせてふるう。

＼ この型を使いました ／

cotta ふち巻きタルトリング 160
内寸：直径 16 ×高さ2cm

作り方

1
ボウルにバターと粉糖、塩を入れてゴムべらで練り混ぜ、クリーム状にする。ハンドミキサーに替えて中速で混ぜ合わせる。

2
溶きほぐした全卵を2〜3回に分けて加え、その都度ハンドミキサーでよく混ぜる。

ルーラー（p.142）を使うと均一に伸ばせて便利

6
軽く打ち粉をした台に取り出し、めん棒で全体を軽くたたいてやわらかくする。ラップ2枚ではさみ、3mm厚さでタルトリングよりひと回り大きく伸ばす。

丸く伸ばすコツ

中心から上下、左右、さらに対角線上に斜めと、均等に力を加えてめん棒で伸ばします。丸く伸ばすのが苦手な人は、手順**5**の段階で平らな円形にまとめて休ませるとやりやすいですよ。

クッキーはほろっと崩れる食感ですが、タルトはサクサクに仕上げたいので、

バターの温度は20℃前後が目安。クッキーほど空気を含ませる必要はありません。

生地がダレると食感に影響するので、ダレたら冷蔵室で少し冷やして作業を再開しましょう。

*タルトリングを使った敷き込み方を紹介していますが、底のある波形のタルト型でも作れます(手順9でピケをする)。

この状態で
冷凍保存も可能!

3

粉類(A)を再度ふるいながら加え、ゴムべらで切るように混ぜ合わせる。粉っぽさがなくなり、ところどころにかたまりができるようになったら次の工程へ。

4

ボウルにすりつけるようにして、生地をなめらかにつなげていく。ポロポロした生地がひとまとまりになったら、生地の完成。

5

生地をラップで包み、冷蔵室で1時間以上休ませる。

advice

ここまでを前日に、フィリングを詰めるところから当日など、2日に分けて作業しても。

生地が台につかないよう
下にはラップを
(手順6のラップを再利用)

7

ラップを敷いた台にタルトリングを置き、生地をたわませてのせる。

シルパンがなければピケを!

焼く時にシルパン(P.141)を敷くと裏面が浮かず、余分な水分が抜けてサクサクに。シルパンがない場合は手順**9**で底全体にフォークで穴をあけてください(ピケ)。

生地がダレて
作業しにくい時は
冷蔵室で冷やす

8

生地を底と隅に沿わせるように押し込む(ラップの上から作業すると生地が手にくっつかない)。敷き込んだ後、冷蔵室で1時間冷やす。

9

余分な生地をナイフで切り落とす。タルトリングの上にめん棒をのせて転がす方法でもOK。

advice

隅まで生地が行き渡りにくいので(図右)、生地をリングの内側に少し傾けてから押し込むのがコツ(図左)。

オレンジクランブルタルト

材料（直径16cmのもの1個分）
タルト生地（p.86）…… 全量
アーモンドクリーム

> バター（食塩不使用）…… 45 g
> 粉糖 …… 45 g
> 全卵 …… 45 g
> A｜アーモンドパウダー…… 36 g
> 　｜薄力粉 …… 9 g

クランブル（p.71／焼く前の状態）
　　…… 1/3量
オレンジの輪切り（シロップ漬け・缶詰）…… 6枚
ピスタチオ …… 適量

準備

・86〜87ページの手順1〜5を参照して**タルト生地**を作り、冷蔵室で休ませる。
・クランブルは使う直前まで冷蔵室におく。
・バターと全卵は室温にもどす。
・Aは合わせてふるう。
・オレンジは汁気をふきとる。
・オーブンは焼く作業の15分前に190℃に予熱し始める。

これ、使いました

グランベル オレンジスライス 4号缶
オレンジをスライスしてシロップ漬けにしたもの。生のオレンジと違い、水気が少なく甘味がついているので、焼き菓子に使いやすくおすすめです。内容量410 g（固形量225 g）／cotta

作り方

1
86〜87ページ「**タルト生地の作り方**」の手順**6**〜**9**と同様に**タルト生地**を3mm厚さに伸ばしてタルトリングに敷き込み、冷蔵室で1時間休ませる。

advice

休ませずに焼くと焼き縮みの要因に。

ルーラー（p.142）を使うと均一に伸ばせて便利

2
切り落とした生地をひとまとめにして3mm厚さに伸ばし、花形の抜き型で飾り用に10個分ほど抜く（好みの数でOK）。**1**と一緒に冷蔵室で1時間休ませる。

6
オレンジをバランスよくのせ、**5**で残したアーモンドクリームを写真のように塗る。周囲に**クランブル**をのせる。

アーモンドクリームをつけるのはなぜ？

オレンジにクランブルを接着するためです。アーモンドクリームを塗らずに焼くと、動かした時や切り分ける時にクランブルがポロポロ落ちてしまいます。

私の一番のお気に入りのタルトです。オレンジの缶詰を使うとほどよい甘さと
さわやかさがあり、彩りもきれい！　クランブルの食感もいいアクセントに。
飾りのお花のクッキーは余ったタルト生地を焼いたものです。

3
アーモンドクリームを作る。ボウ
ルにバターと粉糖を入れてゴムべ
らでクリーム状にし、溶きほぐし
た全卵を6〜8回に分けて加え、
その都度ハンドミキサーの中速で
混ぜ合わせる。

4
粉類（A）を再度ふるいながら加え、
ゴムべらで切るように混ぜる。あ
る程度バターの中に粉が分散した
ら、底から大きくすくって返し、
均一に混ぜる。

5
1をシルパン（P.141）を敷いた天
板にのせ、4を絞り袋（口金なし）
に入れてタルト生地の中央から外
側に向けて渦巻き状に絞り出す。
手順6で使う分を少量残しておく。

180℃
焼き時間
30〜35分

7
予熱したオーブンを180℃に
下げ、30〜35分焼く。タル
トリングを外し、シルパンご
とケーキクーラーにのせて粗
熱をとる。

170℃
焼き時間
10分

8
続けて2の花形に抜いた生地を
170℃のオーブンで約10分焼き、
残り2分でピスタチオも天板にの
せて一緒に焼く。ピスタチオは冷
めたら刻み、花形のクッキーとと
もに7に飾る。

おいしく作るコツ

見た目は上級者風ですが、
タルト生地さえ作れたら、あとは簡単。
飾りのお花のクッキーは
省略しても構いませんよ。
クランブル好きの私としては、
クランブルはマスト！
オレンジスライスの缶詰は余った分は
冷凍できます。101ページの
「濃厚オレンジチョコケーキ」を
作ったり、マフィン生地にのせて
焼くのもおすすめです。

Airio

arrange recipe

カナッペ風
フルーツタルト

手軽につまめるサイズにアレンジ。
型で抜いて焼くだけだから簡単です。
季節のフルーツをのせるだけで
華やかさのある一品に。

材料 (直径約7cmのもの9個分)
タルト生地 (p.86) …… 全量
カスタードクリーム

　卵黄 …… 18g (1個分)

　グラニュー糖 …… 20g

　バニラビーンズペースト …… 3g

　A ｜ 薄力粉 …… 4g
　　 ｜ コーンスターチ …… 4g

　牛乳 …… 100g

　バター (食塩不使用) …… 10g

好みの果物、好みのハーブ …… 各適量

準備

・86～87ページの手順1～5を参照して**タルト生地**を作り、冷蔵室で休ませる。

・バターは室温にもどす。

・Aは合わせてふるう。

・オーブンは焼く作業の15分前に180℃に予熱し始める。

・果物は必要に応じて食べやすく切り、水気をふき取る。

170℃
焼き時間
15分

作り方

❶ 60～61ページを参照して**カスタードクリーム**を作り、冷蔵室で冷やす。

❷ **タルト生地**をラップ2枚ではさみ、3mm厚さに伸ばす。直径約7cmの抜き型 (花形や円形) で9個分抜く。残りの生地をひとまとめにして3mm厚さに伸ばし、あれば小さい花形の抜き型で飾り用に9個分抜く。

❸ 天板にシルパン (p.141) を敷き、❷を並べる (飾り用の小さい花形の生地は手前にする)。予熱したオーブンを170℃に下げ、天板を入れて約15分焼き、ケーキクーラーにのせて冷ます (飾り用の小さいクッキーは焼けたら先に取り出す)。

❹ ①を冷蔵室から出してゴムべらでほぐし、絞り袋に入れる。③の上に丸く絞り出す。果物と飾り用のクッキーをのせ、ハーブをあしらう。

advice

厚みに偏りがあると焼きムラの要因に。ルーラー (p.142) を使うと均一に伸ばせます。

advice

カスタードクリームは量が多いと果物をのせた時に重みではみ出すので、欲ばりすぎず適量に。

カヌレ

ぜひ、粗熱がとれた状態で食べてみてください。
外はカリッ、中はもっちりの絶妙な食感は
この時だけ。翌日は食感が少し変わります。
焼く時に飛び出していたら台に打ちつけますが、
これは生地を型の底まで下げてトップにしっかり
焼き色をつけるためです。

Canelé

材料 （幅約5×高さ5.5cmのもの6個分）

バター（食塩不使用）…… 15g
牛乳 …… 250g
バニラビーンズペースト …… 5g
ブラウンシュガー …… 35g
薄力粉（エクリチュール）…… 65g
グラニュー糖 …… 70g
全卵 …… 32g
卵黄 …… 18g（1個分）
ラム酒 …… 20g

準備

・全卵と卵黄はカラザを取り除い
　てボウルに入れ、溶きほぐして室
　温にもどす。
・薄力粉はふるう。
・型の内側にオイルスプレーをま
　んべんなく吹きかける（または、
　室温にもどしたバター／食塩不使用・
　分量外を塗る）。
・オーブンは焼く作業の20分前に
　天板ごと230℃に予熱し始める。

＼この型を使いました／

cotta オリジナル カヌレ天板 大（6個取）
1個あたりの内寸：直径5.3×高さ5.8cm

作り方

1
28〜29ページ「香ばしフィナンシェ」の手順1〜2と同様に焦がしバターを作り、鍋底を水につけて約50℃まで冷ます。

advice

> 手順2で牛乳を加える時に焦がしバターが熱々だと飛び散ることがあるので、必ず冷まして！

膜が張らないよう、へらで混ぜ続ける

2
牛乳を容器に入れてラップをかけ、電子レンジ（600W）で約1分30秒温め、1に加える。中火にかけ、耐熱のゴムべらで絶えず混ぜながら、沸騰直前（約90℃）まで温め、火を止める。

6
茶こしでこし、ラップを密着させるように表面を覆って、冷蔵室で12時間以上休ませる。

生地は必ず12時間以上休ませて

薄力粉に水分を加えて混ぜるとグルテンができ、そのまま焼くとふくらみが強くて型から飛び出してしまいます。生地を休ませるとグルテンが落ち着いてふくらみにくく、特有のもっちりした食感の焼き上がりになります。

3

バニラビーンズペースト、ブラウンシュガーを加え、混ぜながら溶かし、60℃まで冷ます。

4

薄力粉とグラニュー糖をボウルに合わせて泡立て器で混ぜる。**3**の1/2量を注いでよく混ぜ合わせ、残りを加えて混ぜる。

5

卵液を加えてよく混ぜ合わせ、ラム酒を加える。

> **60℃まで冷ます理由**
> 小麦粉に含まれるデンプンは熱が加わると糊化（こか）（のり状になること）するため、牛乳を60℃まで冷まして加えます。

生地の温度は20℃以上になるのが目安

焼き時間は合計50〜60分の間で焼き色で判断！

220℃ 焼き時間 **20分** ⟶ **190℃** 焼き時間 **30〜40分**

コンコン前　コンコン後

7

休ませた後の生地はとろみがある状態。生地を室温に1〜2時間おき、型に等分に流し入れる。

advice

> 寒い日など室温で生地の温度が上がらない時は湯せんにかけてもOK。

8

予熱したオーブンを220℃に下げ、**7**を入れて約20分焼き、190℃に下げて30〜40分焼く。焼き始めて30分の段階で生地が型から飛び出している場合（写真左）は、取り出して型を台に軽くコンコンと打ちつけ、生地を入れた時の高さくらいにして（写真右）さらに焼く。型から取り出し、ケーキクーラーにのせて粗熱をとる。

> **型をコンコンするのはなぜ？**
> 焼く間に生地が上にあがって型の底面にあたらない状態になると、表面に焼き色がつかなかったりカリッと焼き上がらなくなります。台に打ちつけるのは、生地を底に戻すことが目的です。

Column ❷

チョコレートの話

チョコレートは種類がいろいろあり、
生地に混ぜたり、お菓子をコーティングしたりと
用途によって扱い方にコツがあります。

製菓用チョコレートを使いましょう！

私はふだんお菓子には製菓用のチョコレートを使っています。製菓用は原材料としての位置づけなので、混ざり物が少なく油分はカカオバターで風味が豊かです。それに対して、たとえば板チョコは入手しやすいのは利点ですが、そのまま食べるために加工した商品。植物油や乳化剤などを混ぜてなめらかさを出すなど、油分の質が異なりカカオの風味も落ちます。油分などが異なると仕上がりに影響する可能性もあるので、製菓用がおすすめです。

製菓用チョコレートは溶かしやすいタブレットや小さい角切りタイプが主流。直射日光を避け、15〜22℃で保存を。私は夏場は野菜室で保存しています。

湯せんにかける時は

チョコレートを溶かす時は湯せんにかけます。湯の温度は50〜55℃が目安です。温度が高すぎると油分が分離してしまうことも。また、湯せんにかけている間に水分や蒸気が入らないように注意しましょう。

コーティング用チョコが便利

テンパリング
不要！

テンパリングは難易度が高く、また200g以下では失敗しやすいのが難点。それを解決してくれるのが、コーティング用チョコレート。湯せんにかけて溶かすだけだから、少量のチョコがけなどに便利です（ただし、夏場はゆるみやすいので注意が必要）。余ったチョコは溶かして再利用も可能です。

ガナッシュ作りは電子レンジでも

チョコレートだけを電子レンジ加熱で溶かすのは、何度も様子を見る必要があり少しむずかしいのですが、少量のガナッシュを作るのには便利。生クリームが温まってチョコレートが溶けやすく鍋よりもラク。

テンパリングとは

チョコレートは溶かしてそのまま固めると脂肪分が白く浮き出て口どけも悪くなります。コーティングに使う場合はテンパリング（温度管理）が必要です。湯せんにかけたり外したりとテンパリングは難易度が高いため、本書ではコーティング用チョコレートを使っています。

テンパリングの便利アイテム　マイクリオ

テンパリングは、マイクリオを使えば失敗知らず。さらに、うれしいことにチョコの量も100gからOKです。チョコレートを湯せんにかけて溶かし、40〜45℃になったのを確認して34℃まで自然に冷ましてマイクリオを加えます。混ぜながら溶かし、33℃まで下がったらテンパリングは完了。コーティング用チョコレートよりも風味豊かで、夏場の強度も多少高めなのでおすすめです。

PART

3

Special

難易度やや高め！

特別な日のケーキ

誕生日や記念日、イベントなど、特別なお祝いに
ぴったりのケーキをご紹介します。
王道のデコレーションケーキ、チョコがたら〜り垂れる
ドリップケーキ、水玉模様のムースケーキなど、
見た目にかわいらしくインパクトのあるケーキが満載です。

特別な日のケーキ

いちごタルト

甘酸っぱいいちご、コクのあるクリーム、
サクサクのタルトの組み合わせは
絶対に外さないおいしさ。華やかだから、
家族の誕生日などイベントにもおすすめです。
フルーツを替えるなどアレンジしても。

材料（直径16cmのもの1個分）
タルト生地（p.86）…… 全量
アーモンドクリーム
　バター（食塩不使用）…… 40 g
　粉糖 …… 40 g
　全卵 …… 40 g
　A ┃ アーモンドパウダー …… 32 g
　　┃ 薄力粉 …… 8 g
　ラズベリー（冷凍）…… 40 g
カスタードクリーム
　卵黄 …… 18 g（1個分）
　グラニュー糖 …… 20 g
　バニラビーンズペースト …… 3 g
　B ┃ 薄力粉 …… 4 g
　　┃ コーンスターチ …… 4 g
　牛乳 …… 100 g
　バター（食塩不使用）…… 10 g
生クリーム（乳脂肪分42%）…… 40 g
いちご …… 14〜15粒
仕上げ用クリーム
　生クリーム（乳脂肪分42%）…… 60 g
　コンデンスミルク（加糖）…… 12 g

準備
・86〜87ページの手順 **1**〜**9** を参照して**タルト生地**
　を作ってタルトリングに敷き込み、冷蔵室で1時
　間休ませる。
・A、Bはそれぞれふるう。
・オーブンは焼く作業の15分前に190℃に予熱し始
　める。
・絞り袋を3枚用意し、2枚には丸口金（直径1cm）
　をセットする。

＊cotta ふち巻きタルトリング160 を使用（p.86と同様）。

Strawberry tart

作り方

タルト生地を
焼く間に作っても

残りのアーモンドクリームは
手順3で使用

1

60〜61ページを参照して**カスタードクリーム**を作り、冷蔵室で冷やす。

2

89ページ「**オレンジクランブルタルト**」の手順**3〜4**と同様に**アーモンドクリーム**を作り、絞り袋（口金なし）に入れる。天板にシルパン（p.141）を敷いてタルトリングごと生地をのせ、アーモンドクリーム100gを渦巻き状に絞り出す。

115ページの
サンド用よりも
かため

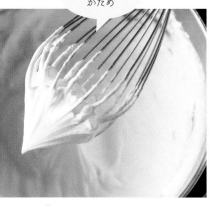

5

生クリーム40gをボウルに入れ、底を氷水にあてながら、ハンドミキサーの中速で角がしっかりと立つまで泡立てる。

6

カスタードクリームをボウルに入れてゴムべらでよくほぐし、**5**を加えて切るように混ぜ合わせる（ディプロマットクリームが完成）。

advice

この段階では完全に混ざらず、マーブルくらいの状態でOK！絞る時に自然に混ざります。

7

6を丸口金をつけた絞り袋に入れ、**4**の上面に中央から渦巻き状に絞り出す。周囲2〜3cmは絞らない。中央にいちごを1個のせ、まわりのいちごは少し内側に向くように配置する。

advice

一番外側のいちごは半分に切っていますが、その時のいちごの大きさによって調整してください。

3
中央をあけて、ラズベリーを凍った
まま間隔をあけてのせる。残りのア
ーモンドクリームをラズベリーを隠
すように絞る。

advice
ラズベリーが焦げないように
アーモンドクリームをのせま
す。広げなくても大丈夫！
焼くと自然に広がります。

4
予熱したオーブンを180℃に下げ、
3を入れて約30分焼く。タルト
リングを外し、シルパンごとケー
キクーラーにのせて冷ます。

かたさは手順**5**
よりもゆるめ

おいしく作るコツ

少人数でも食べきりやすいよう、
タルトは16cmサイズを
基本にしています。
アーモンドクリームの中には
ラズベリーをしのばせて
味のアクセントに。
フルーツがたくさんのったタルトは
冷蔵室で1〜2時間冷やして
クリームを落ち着かせると、
切り分けやすくなります。
中央のいちごはいったん取り除いて
切るといいですよ
（切り方のコツは143ページの
「お菓子作りQ&A」を参照）。

Airio

周囲をあけておくのはなぜ？
最後にホイップクリームでデ
コレーションするスペースを
残します。また、いちごをの
せると重みでディプロマット
クリームが少し広がることも
計算に入れています。

8
仕上げ用クリームの材料をボウル
に入れて**5**と同様に泡立て、すく
うと角先が折れ曲がるかたさにす
る（絞り出し用／p.115）。丸口金をつ
けた絞り袋に入れ、**7**のいちごの
外側に丸く絞り出す。

arrange recipe

タルトのバリエーションいろいろ

上面のフルーツやホイップクリームの絞り方を変えると、また違った印象のタルトが作れます。

ブルーベリータルト

98〜99ページ「いちごタルト」の手順1〜6までは同様に作る（手順3でラズベリーを生のブルーベリーに替えても）。手順7と同様にディプロマットクリームを渦巻き状に絞り出す。生クリーム（乳脂肪分42％）150gにコンデンスミルク（加糖）30gを加え、すくうと角がやわらかくおじぎすかたさに泡立て（絞り出し用／p.115）、タルトの外側から中心に向けて丸く絞り出す。クリームとクリームのすき間にブルーベリー適量を飾り、あればミントをあしらう。

お店みたいなフルーツタルト

98〜99ページ「いちごタルト」の手順1〜6までは同様に作る（上面に生のラズベリーを飾る場合は、手順3のラズベリーは生でも可）。手順7と同様にディプロマットクリームを渦巻き状に絞り出す。いちごやりんご、巨峰、シャインマスカット、ラズベリーなど好みの果物をバランスよくのせる。あればセルフィーユやチョコパーツ（p.120くるくるチョコ）を飾っても。

＊写真は波形のタルト型で作ったものですが、直径16cmのタルトリングでも同様に作れます。

濃厚オレンジチョコケーキ

Rich orange chocolate cake

オレンジのさわやかさと濃厚なチョコの風味が
やみつきになるおいしさです。
材料を順番に加えて混ぜるだけで生地が完成。
失敗なしの簡単レシピでこの仕上がりは
手土産や差し入れにぴったり！

材料（直径15cmのもの 1 個分）

製菓用チョコレート（スイート）…… 100 g
バター（食塩不使用）…… 60 g
牛乳 …… 25 g
全卵 …… 110 g（2 個分）
グラニュー糖 …… 50 g

A
　薄力粉 …… 25 g
　ココアパウダー（無糖）…… 25 g
　ベーキングパウダー …… 1.5 g

トッピング

　オレンジの輪切り（p.88／シロップ
　漬け・缶詰）…… 6 枚
　ピーカンナッツ（またはくるみ）…… 10 粒
　ピスタチオ… 3 粒

準備

・全卵は室温にもどす。
・Aは合わせてふるう。
・ピーカンナッツは160℃で約6分
　から焼きする。
・型の底と側面にオーブンシート
　（またはクッキングシート）を敷く。
・オーブンは焼く作業の15分前に
　天板ごと190℃に予熱し始める。

＼この型を使いました／

TC アルブリット デコ型
内寸：直径 15 ×高さ 5.8cm、

作り方

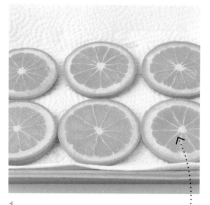

1
オレンジはキッチンペーパーにの
せて汁気をきる。

advice

生のオレンジは水気が多くて同
じようには焼けないので、必ず
シロップ漬けのオレンジを使っ
てください。

2
小さめのボウルにチョコレー
トとバターを入れる。牛乳を
電子レンジ（600 W）で約30秒
温めて加え、湯せんにかけて
チョコとバターを溶かす。

advice

湯せんの温度は 50〜55℃
が目安です。

6
手順7でオレンジを置く位置
を想定して、ピーカンナッツ
5粒を生地に埋め込む。

┌─────────────────────┐
ピーカンナッツをのせる理由

オレンジをのせた時に重みで沈
むと焼き上がり時にきれいに見
えなくなるため、先にピーカン
ナッツを生地に埋め込み、オレ
ンジを支えて沈みにくくします。
└─────────────────────┘

オレンジは少し
重なってもOK！

7
ピーカンナッツの上にオレン
ジ5枚をのせ（中央はあける）、
すき間に残りのピーカンナッ
ツをオレンジに少しかかるよ
うにのせる。

advice

生地の火通りをよくするた
め、中央部は焼く途中でオ
レンジをのせます。

3
別のボウルに全卵とグラニュー糖を入れ、泡立て器でザラつきがなくなるまで混ぜ合わせる。**2**を加えてさらに混ぜる。

4
粉類（**A**）を再度ふるいながら加え、粉っぽさがなくなるまで混ぜる。

5
型に流し入れる。

側面まで美しく焼き上げるには…

クッキングシートは生地の水分を吸ってしわができやすいため（かつ、毎回切るのも面倒）、型に敷くのはオーブンシートがおすすめです。底も側面もつるんときれいな焼き上がりに。

180℃
焼き時間
45~50分

8
予熱したオーブンを180℃に下げ、**7**を入れて約20分焼き、中央にオレンジを1枚のせる。さらに25〜30分（合計45〜50分）焼き、残り2分でピスタチオも天板にのせて一緒に焼く。

advice
焼き上がりは竹串で確認して。生地がべったりつかなければOK。

9
型から取り出し、ケーキクーラーにのせて粗熱をとる。冷めたらピスタチオを削る。

おいしく作るコツ

しっとりしながらも
軽い食感を目指し、
かつ焼き上がりのトッピングの
見え方も考えて、
焼き方を何度も調整しました。
スクエア型で焼いてもOKです。
15cm四方の型ならレシピと
同じ分量で焼けます。
180℃のオーブンで焼き時間は
約30分が目安です（表面積が
広いため火通りがよく、短め）。

Airio

arrange recipe

混ぜて焼くだけ
簡単ガトーショコラ

「濃厚オレンジチョコケーキ」と同じ生地を
マフィン型で焼くシンプルなアレンジです。
好みでホイップクリームを添えても。

材料（直径6.3cmのマフィン型6個分）
製菓用チョコレート（スイート）…… 100 g
バター（食塩不使用）…… 60 g
牛乳 …… 25 g
全卵 …… 110 g（2個分）
グラニュー糖 …… 50 g
A｜薄力粉…25 g
　｜ココアパウダー（無糖）…… 25 g
　｜ベーキングパウダー …… 1.5 g
粉糖 …… 適量

準備
・全卵は室温にもどす。
・Aは合わせてふるう。
・型にグラシンケースを敷く。
・オーブンは焼く作業の15分前に天板ごと
　190℃に予熱し始める。

180℃
焼き時間
24分

作り方
❶　102〜103ページ「**濃厚オレンジチョコ
ケーキ**」の手順2〜4と同様に生地を作る。
絞り袋（口金なし）に入れ、型に等分に入れる
（写真）。
❷　予熱したオーブンを180℃に下げ、①
を入れて約24分焼く。
❸　型から取り出し、ケーキクーラーにの
せて粗熱をとる。冷めたら粉糖を振る。

絞り袋を使うと
ケースを汚さず、
きれいに入れられる

＊cotta垂直マフィン型 大（6個取）
　を使用（p.11と同様）。

食べきりサイズだからバレンタインにもおすすめ。

大きさの違う型で焼く方法

レシピのお菓子を手持ちの型で焼きたい時があると思います。
型の容量が異なる場合は下記のように計算すれば、
型に合った分量を割り出すことができます。

たとえばスリムパウンド型で焼きたいなら…

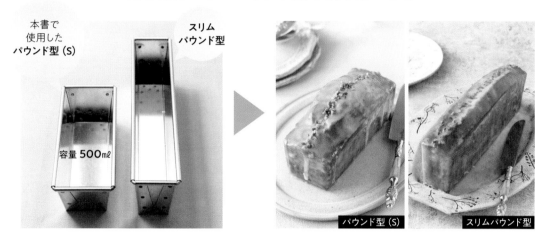

本書で
使用した
パウンド型 (S)

スリム
パウンド型

容量 500㎖

パウンド型 (S) スリムパウンド型

① 2つの型の容量をそれぞれ割り出す

元になる型 (レシピで使用) の容量と焼きたい型の容
量を割り出します。台形の面積はサイズから計算で
きますが、型に水を入れて量るほうが簡単! 水の
量=容量です。

＊型の隅から水がもれることがあるため、隅をテープで補強し、
　トレイなどにのせて計量してください。

スケールの風袋引き機能を使うとラク!

② 割合を計算する

焼きたい型の容量に対して、元になるレシピで使用
している型の容量の割合を計算します。ここではパ
ウンド型 (S) が500㎖、スリムパウンド型が700㎖な
ので右記のようになります。

焼きたい型の
容量

元になる型の
容量

ここでは 700 ÷ 500 = 1.4

③ それぞれの材料を計算する

レシピの材料の項目に②で計算した数字 (ここでは
1.4) をかけて、焼きたい型で必要となる分量を計算
します。型の形や容量が変われば焼き時間も変わる
ので、焼く時に様子を見ながら調整してください。

ウィークエンドシトロンをスリムパウンド型で焼く場合

バター (食塩不使用)		65 g ×1.4	=	91 g
グラニュー糖		54 g ×1.4	=	75.6 g
全卵		65 g ×1.4	=	91 g
A	薄力粉	52 g ×1.4	=	72.8 g
	アーモンドパウダー	13 g ×1.4	=	18.2 g
	ベーキングパウダー	1.3 g ×1.4	=	1.8 g
レモンピール		30 g ×1.4	=	42 g
レモンの皮…1/2個分		レモンの表面積の約7割分		

＊生地の材料のみ表示。ベーキングパウダーは小数第二位を四捨五
　入しています。

Weekend citron

ウィークエンドシトロン

「週末に大切な人と一緒に食べるケーキ」が
名前の由来だそう（諸説あり）。
さわやかなレモンの香り、グラスアローの
パリッとした食感が特徴の焼き菓子です。
ベースはパウンドケーキなので、
気軽にチャレンジしてみてください。

材料 (16×6.5×高さ6cmのパウンド型1台分)
バター (食塩不使用) …… 65 g
グラニュー糖 …… 54 g
全卵 …… 65 g

A
薄力粉 …… 52 g
アーモンドパウダー …… 13 g
ベーキングパウダー …… 1.3 g

レモンピール (刻んだもの) …… 30 g
レモンの皮のすりおろし …… 1/2個分
グラスアロー
粉糖 …… 60 g
レモン汁 …… 12 g
ピスタチオ (あれば) …… 適量

準備
・バターと全卵は室温にもどす。◁……
・Aは合わせてふるう。
・型にクッキングシート (またはオーブンシート)
　を敷く(p.34参照)。
・オーブンは焼く作業の15分前に天板ごと180
　℃に予熱し始める。
・ピスタチオは刻む。

advice
バターは指で押すとすっ
と入るやわらかさが目安
(温度は20〜23℃)。

＼これ、使いました／

cotta レモンピール
完熟したレモンの皮の砂糖漬け。 5mm大
にカットされていて、刻む手間がかからず
とても便利です。200 g入り／cotta

＊松永製作所 ブリキパウンドSを使用 (34ページと同様)。

作り方

バターに空気を
しっかり含ませる！

油分と水分が混ざり、
乳化した状態

1
ボウルにバターとグラニュー糖を
入れてゴムべらで練り、クリーム
状にする。ハンドミキサーに替え
て中～高速で白っぽくなるまで混
ぜる。

2
全卵を溶きほぐして10回くらい
に分けて加え、その都度混ぜ合わ
せて乳化させる。

advice

必ずバターと卵が均一に混ざって
から次の卵を加えること。

卵を分けて加えるのは…

油分と水分は混ざりにくいた
め、卵の量が多いと分離して
しまい、そのまま作業を進め
るとふくらみや食感に影響し
ます。卵は少量ずつ加え、そ
の都度よく混ぜて乳化させる
ことが大事です。

170℃
焼き時間
35分

冷まし方は 37 ページ
の手順 9 と同様

作業は手早く！

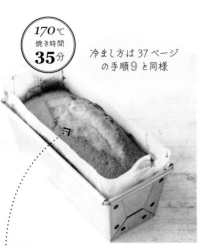

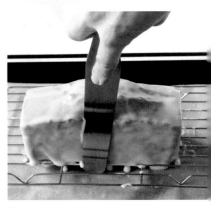

6
予熱したオーブンを170℃に下げ、
5を入れて約35分焼く。型を約
10cmの高さから台に落として中の
熱い蒸気を抜き、型から取り出し
てケーキクーラーにのせて粗熱を
とる。

advice

34 ページ「バニラパウンドケーキ」
では切り込みを入れますが、表面
をグラスアローで覆うため、ここ
ではその作業は必要ありません。

7
グラスアローの材料をよく混ぜ合
わせる。

8
クッキングシートを敷いた天板に
耐熱の網を置き、6をのせる。7
をまんべんなくかけ、パレットナ
イフなどで側面にも均一に塗り広
げる（作業の前にオーブンを200℃に
予熱し始める）。

advice

ケーキは必ず冷めた状態でグ
ラスアローをかけて。冷めて
いないと、焼いた後にグラス
アローが湿気やすくなります。

混ぜ終わると
つやっぽい生地に

3
粉類（A）を再度ふるいながら加え、最初はゴムべらで切るように混ぜる。

advice
バターの中に粉を分散させるイメージで混ぜます。

4
粉っぽさがなくなったらレモンの皮とレモンピールを加える。底から生地をすくって返すよう40回ほど混ぜ、なめらかな状態にする。

5
生地を型に入れ、表面をならす。型を台に数回軽く打ちつけ、余分な空気を抜く。

200℃
焼き時間
1〜2分

耐熱の網
ごと焼く！

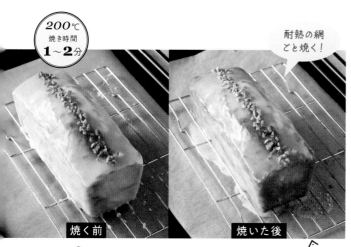

焼く前　　焼いた後

9
上面に1列になるようピスタチオを飾る。200℃のオーブンで1〜2分焼き、グラスアローを乾燥させる。網ごと取り出して粗熱をとる。

advice
グラスアローは熱でしたたり落ちます。オーブンに入るサイズの網がない場合はクッキングシートを敷いた天板にのせて焼き、取り出してシートごとケーキクーラーにのせてください。

保存のコツ
グラスアローは砂糖衣のことでケーキやクッキーの表面にまとわせて焼いて乾かすと、味や食感、見た目のアクセントになります。保存時にラップでぴったり包むと、グラスアローがはがれてしまうので、ご注意を。表面が完全に乾いたらふんわりとラップで包み、保存袋に入れて保存します（保存期間は常温で4〜5日）。グラスアローは湿気が大敵。ただ、乾燥剤はケーキの水分も奪うためおすすめできません。エタノール揮散剤（p.136）がおすすめです。

Airio

使い道いろいろ！
ジェノワーズをマスターしよう

デコレーションケーキはジェノワーズ（スポンジケーキ）が基本！
ふんわり口どけのよい焼き上がりになるよう、コツを詳しくレクチャーします。
ジェノワーズが焼けるようになったら、
お店みたいなムースケーキ（p.131、p.134）も作れますよ。

Various uses!
Let's master sponge cake recipe.

ジェノワーズの作り方

材料（直径15cmの丸型1個分）
全卵 …… 110 g（2個分）
グラニュー糖 …… 60 g
薄力粉（スーパーバイオレット）…… 60 g
牛乳 …… 20 g
米油（またはサラダ油）…… 20 g

準備
・全卵は室温にもどす。
・薄力粉はふるう。
・型の底と側面にオーブンシート
　（またはクッキングシート）を敷く。
・オーブンは焼く作業の15分前に
　天板ごと180℃に予熱し始める。

作り方

卵は温めると
泡立ちやすくなる！

1
牛乳と米油を容器に入れて湯せん
にかけ、使う直前まで50℃に保温
しておく。

advice
生地と合わせる時に、油脂や牛乳が冷た
いと沈んで混ざりにくいため、保温します。

2
ボウルに全卵とグラニュー糖
を入れ、湯せんにかけてハン
ドミキサーの低速で混ぜなが
らグラニュー糖を溶かし、36
〜38℃まで温める。

混ぜ残しが
ないように注意！

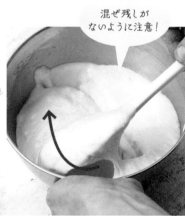

advice
クッキングシートだと水分
や蒸気でよれて焼き上がり
にしわが寄ることも。オー
ブンシートならその心配が
なく、おすすめです。

5
薄力粉を再度ふるいながら加え、
ゴムべらで底からすくって混ぜる。
大きくすくい生地を向こう側へ落
とすイメージで粉っぽさがなくな
るまで約40回混ぜる。

粉をふるって空気を含ませる
準備で一度ふるっていますが、
加える時にもふるい空気を抱
き込ませることが大事。ふる
わずに加えると均一に混ざり
にくく、混ぜすぎて気泡がつ
ぶれる要因になります。

＊TCアルブリット デコ型を使用（102ページと同様）。

食べきりサイズの直径15㎝のジェノワーズ（スポンジケーキ）です。
ここでは、全卵を湯せんにかけてから泡立てて進める
「共立て」の作り方をご紹介します。

しっかり空気を
含ませることが
大事！

泡立て終わりは
つまようじを立てても
倒れないくらい！

3
湯せんから外して高速で泡立てる。
白っぽくもったりした状態になり、
垂らすと8の字が書けるくらいに
なるのが目安。

4
中速にして約2分泡立てる。続け
て低速で同じ場所を約10秒ずつ
1周泡立て、きめを整える。

低速で混ぜるのはなぜ？
高速で泡立てると壊れやすい
大きな気泡がたくさんできます。
速度を低速に落として攪拌す
ることで気泡が分化し、壊れ
にくい小さな気泡に変わり、
きめがこまかくなります。

advice

手順2～4の終わりまで、泡立
てにかかる時間は約7分です。

この状態が
目安！

6
5のひとすくい分を1に加え、混ぜ合わせる。そ
れを5のボウルに回し入れるように戻す。

7
5と同様に底から大きくすくって
40～50回混ぜる。ゴムべらです
くうとゆっくりリボン状に落ち、
跡がうっすら残る状態が混ぜ終わ
りの目安。

先にひとすくい分を混ぜるのはなぜ？
油脂と牛乳を合わせたものと生地は状態が異なり混ざ
りにくいため、先に生地の一部を混ぜて状態を近づけ、
混ざりやすくしています。

170℃ 焼き時間 **27分**

落とすには 1回でOK！

8
生地を型に入れ、台に2回ほど打ちつける。予熱したオーブンを170℃に下げ、約27分焼く。

9
型ごと約10cmの高さから台に落とし、中の熱い蒸気を抜く。型から取り出し、ケーキクーラーに逆さにしてのせる。粗熱がとれたら天地を返し、乾燥しないようにポリ袋に入れておく。

> **どうして型ごと台に落とすの？**
> 焼き縮みを防ぐためです。ケーキの中に蒸気がたくさん残っていると、蒸気を含んだ生地自体の重みでへこんでしまいます。

余ったジェノワーズの利用法

ジェノワーズは冷凍できます（ホール、カットともに）。ムースケーキ用に型で抜いた残りは、トライフルにしたり、おろし金ですりおろしてケーキクラムにしても。ケーキクラムはヨーグルトやアイスクリームにトッピングするほか、下記のような使い方もおすすめです。

冷凍する時はラップで包み、さらに冷凍用保存袋に入れて空気を抜き、乾燥とにおい移りを防いで！

ケーキクラムを使って
ミモザケーキ

69ページ「スコップレアチーズケーキ」のチーズ生地を筒状にしたムースフィルムの中に流し入れて冷凍する。生クリームをナッペ用のかたさに泡立て、チーズ生地をコーティングし、ケーキクラムをまぶす。冷蔵室に2～3時間おいて解凍し、好みでフルーツを飾る。

生クリームの泡立て方

お菓子によって泡立ての目安状態が異なるので、ここで泡立てのコツと用途別のかたさをチェック！

＊乳脂肪分35%以下では泡立て後にゆるんで形が保ちにくく、45%以上だと分離しやすいため、42%がおすすめです。

ムース用

泡立て器ですくうととろっとつながって落ち、下に積もって跡が残り、しばらくすると消える状態。この段階以降は泡立てが進みやすいので、注意して進めましょう。

x

余ったジェノワーズの利用法

おいしく作るコツ

生地にバターを使うレシピも
ありますが、
今回いろいろなケーキに
展開することを考えて米油に。
冷やしてもふんわりした食感が
キープでき、ややあっさりした
味わいになります。
ジェノワーズの失敗で多いのは
気泡が消えることを恐れて
混ぜ足りない状態になること。
粉が十分に混ざらないと
焼き上がりのきめが粗くなり
パサついてしまいます。
気泡が残りすぎても焼き縮みの
要因になるので、状態をよく
確認しながら混ぜましょう。

Airio

切り分けのコツ

デコレーションケーキ用に切り分ける時は、
1日おくと生地が落ち着き作業しやすいで
す。ケーキ用のナイフ（またはパン切りナイフ）
を前後に小刻みに動かして切りましょう。デ
コレーションケーキに使う場合は上下とも
5mm分切り落とします。

ゆがまないよう、
ルーラー (p.142) を
使って！

直前まで
冷蔵室におく

材料

生クリーム（乳脂肪分42%）

グラニュー糖やコンデンスミルク（加糖）

＊分量はレシピに合わせて用意

必ず氷水にあてて
冷やしながら！

ボウルに材料を入れ、底を氷水にあててハンドミキサーの低〜中速で
泡立てる。温度が高いとボソボソした口あたりになるので、冷やすこ
とが大事。目指すかたさの少し手前で泡立て器に替えて調整する。

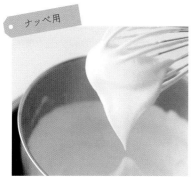

ナッペ用

すくうと泡立て器にギリギリとど
まるかたさ。ボウルに残る生地は
ぼってりした状態です。塗り広げ
るうちに少しずつ締まるため、あ
えて少しゆるめです。

＊ナッペとはケーキの表面にクリームを
均一に塗り広げること。

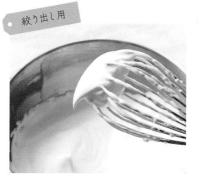

絞り出し用

すくうと角がやわらかくおじぎす
る状態。絞り袋に入れて絞り出す
時に少し締まります。

サンド用

クリームが締まり、角がしっかり
と立つ状態。ちなみにカスタード
クリームに混ぜるかたさは、これ
よりもほんの少しかためです。

Fancy cake with strawberry

作り方　**ケーキを切る**

ホイップクリームを作る

サンド用

1

ジェノワーズは上下を5mmずつ切り落とし、さらに1.3cm厚さ3枚に切り分ける。シロップをジェノワーズの表裏と側面にはけで塗る。

advice

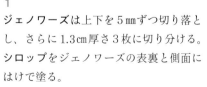

上中下の並びは変わらないように注意！

生クリーム+コンデンスミルク

グラニュー糖だけでなくコンデンスミルクを加えてホイップすることで、ミルク感がアップ！ 濃厚だけど、やさしい甘さのミルキーなクリームになります。

2

ボウルに仕上げ用クリームの材料を入れ、底を氷水にあてながら泡立てる（p.115）。ナッペ用のかたさの少し前まできたら、手前半分をさらに泡立て、サンド用のかたさにする。

王道！ いちごのデコレーションケーキ

誕生日やクリスマスに作りたくなるのは、やっぱりこれ！
コンデンスミルク入りのミルキーなクリームを
たっぷり使い、シンプルにデコレーションしました。
初挑戦でもおいしく＆きれいに作れるよう、
細部までコツ盛りだくさんで解説します！

材料（直径15cmのもの1個分）

ジェノワーズ（p.112）…… 1個
いちご …… 18〜20粒

シロップ
　グラニュー糖 …… 10 g
　水 …… 20 g
　キルシュ …… 10 g

仕上げ用クリーム
　生クリーム（乳脂肪分42%）…… 300 g
　コンデンスミルク（加糖）…… 30 g
　グラニュー糖 …… 12 g

準備

・シロップを作る。グラニュー糖と水を耐熱容器に入れてラップをかけ、電子レンジ（600W）で約30秒加熱してグラニュー糖を溶かす。粗熱がとれたらキルシュを加え、使う直前まで冷やす。

・いちご6〜7粒を飾り用に取り分け、残りはサンド用に5mm厚さに切る。

・絞り袋に丸口金（直径1.3cm）をセットする。

advice

ジェノワーズは前日に焼いたものがベター。焼いた当日は冷めても生地はまだやわらかく、切り分けにくいです。

これがサンド用のかたさ！

サンドする　クリームははみ出てもOK！

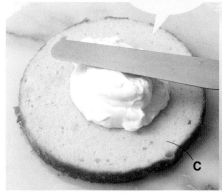

C

周囲は1cmあける

ボウルの中でエリアを分ける

生クリームは常に氷水にあてておきたいので、2つに分けて作業するとボウルが4つ必要に。生クリームは泡立てるともったりするため、手前と奥で泡立て加減を変えることは意外と簡単です。

3
1のジェノワーズ**C**の底面（青線）を上に向けて回転台に置く。サンド用のクリームを泡立て器で2すくい分のせ、パレットナイフでならす。中央と周囲1cmをあけてサンド用のいちごを並べる。

中央をあけるのはなぜ？

ケーキを切り分ける時に中央にいちごがあると切り分けにくいため。また、重ねるうちに押されて広がるため、周囲1cmをあけて並べる。

パレットナイフは
ケーキの面と
水平に！

4

サンド用のクリームを2すくい分
のせ、回転台を回しながらパレッ
トナイフでならす。いちごがおお
むね隠れていればOK。

5

1のジェノワーズ**A**をのせる。

advice

カットしたいちごは高さがぴったりそ
ろわず、クリームで完全に覆うとク
リームが多くなりすぎることも。いち
ごのすき間が埋まれば、いちごが少し
見えていても構いません。

6

手順**3～4**と同様にサンド用のク
リームを広げていちごをのせ、さ
らにサンド用のクリームをのせて
ならす。

advice

ならす度にパレットナイフのク
リームをぬぐい、常にナイフが
きれいな状態でならすこと。

足りない場合は
その都度クリームを足す

何度も塗り直すと
表面がボソボソになるので
注意！

デコレーションする

これが絞り出し用の
かたさ！

10

パレットナイフを側面にあて、回転台を**9**とは逆向きに
回しながらはみ出したクリームを均一に塗り広げる。上
面からはみ出した部分をパレットナイフで外側から中心
に向けて数回に分けてならし、冷蔵室に30分ほどおく。

下塗りと本塗り

ここまでを下塗りとし、冷蔵室でクリームを落ち着かせ
た後、もう一度手順**9～10**を行うとより美しい仕上がり
になります（本塗り）。

11

残りの仕上げ用クリームを泡立て
器で絞り出し用のかたさにし(p.115)、
絞り袋に入れる。

advice

下にはみ出したクリームは、
ケーキの底にパレットナイ
フを差し込み、回転台を回
しながら取り除きます。

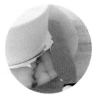

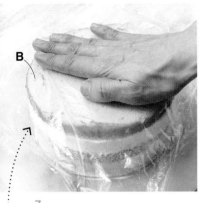

これが
ナッペ用の
かたさ！

7

1のジェノワーズ**B**をのせて、手で軽く押さえてクリームといちご、ジェノワーズを密着させる。側面にはみ出たクリームはその都度パレットナイフで側面に塗り広げる。

advice

側面のクリームがはみ出たままだと輪郭がわかりにくく、次のジェノワーズをまっすぐに重ねづらくなります。

8

2の残りの仕上げ用クリームを泡立て器でナッペ用のかたさにする（p.115）。

9

7の上にナッペ用のクリームをたっぷりのせ、回転台を一方向に回しながらパレットナイフで上面をならす。クリームは側面に垂れるくらいはみ出てOK。

advice

いちごを先にのせると移動時に落ちてしまう恐れも。先にケーキを皿に移してからのせると安心です。

12

10の上面の外側にしずく形に1周絞り出す。1、2、3のリズムで絞り、最後の3で口金をケーキの内側に向けて動かしてクリームを切るとしずく形になる。

13

パレットナイフをケーキの底に差し込み、あいた手でケーキを支えながら皿に移動させる。中央にいちごをのせる。

おいしく作るコツ

冷蔵室に4〜5時間おくと、ジェノワーズにシロップやクリームがなじみ、よりおいしくなります。冷やすとクリームも落ち着き、切り分けやすいのもメリット。

Airio

Column ④

デコレーションに大活躍！

チョコパーツの作り方

チョコレートは溶かすといろいろな形に細工できます。ケーキに飾るタイプとダックワーズやクッキーなどに使えるミニパーツをご紹介します。

＊チョコレートの種類はお好みで。

チョコが熱いと筋が消えるので、端で状態を確認すると安心！

くるくるチョコ

準備

・OPPシートを4cm幅、約20cm（長さは好みで調整）に切り、バットの裏にテープで固定する。

・キッチンペーパーの芯にOPPシート（上記とは別）を巻く。

❶ コーティング用チョコレート30gを湯せんで溶かし、バットの裏のOPPシートの上に広げる。ずれないように定規を横に置き、三角コームを真っ直ぐに引いて筋をつける。

❷ チョコが少し固まりかけたら、チョコの面が内側になるようにキッチンペーパーの芯に巻きつけ、冷蔵室で10〜15分冷やし固める。OPPシートごと芯から引き抜き、内側、外側の順にシートをゆっくりはがす。

ハートプレート

ハートはフリーハンドでもOK！内側は好きな模様を描いて

バットの裏にOPPシートを固定する。コーティング用チョコレートを湯せんで溶かしてコルネに入れ、ハートの形に絞り出す。ハートの内側を埋めるようにチョコを絞り出し、冷蔵室で10〜15分冷やし固める。OPPシートをバットから外し、チョコの面を下にしてシートをゆっくりはがす。

円形プレート

線と線の間はある程度詰まっているほうが割れにくいです

バットの裏にOPPシートを固定する。コーティング用チョコレートを湯せんで溶かしてコルネに入れ、シートの上に円を描きながら広範囲に絞り出す。冷蔵室に5分おいて固まりかけたところで取り出し、丸い抜き型を押し当て、冷蔵室で10分冷やし固める。はがし方は「ハートプレート」と同じ。

お花とミニハート

クッキーやダックワーズに飾っても（少量の溶かしたチョコで接着）

バットの裏にOPPシートを固定する。コーティング用チョコレートを湯せんで溶かしてコルネに入れ、シートの上に花やハートの形になるように絞り出し、冷蔵室で10〜15分冷やし固める。OPPシートをバットから外し、チョコの面を上にしてシートの裏から押し出すようにしてはがす。

ドリップケーキ

たら〜り垂れるチョコがユニークなケーキ。
ジェノワーズをココア生地に、
クリームはチョコ風味にアレンジしました。

Drip cake

材料（直径15cmのもの1個分）

全卵 …… 115 g

グラニュー糖 …… 60 g

薄力粉 (スーパーバイオレット) …… 52 g

米油 (またはサラダ油) …… 20 g

ココアパウダー (無糖) …… 8 g

牛乳 …… 25 g

シロップ

　グラニュー糖 …… 10 g

　水 …… 20 g

　キルシュ …… 10 g

チョコクリーム

　製菓用チョコレート (スイート) …… 80 g

　生クリーム (乳脂肪分42%)

　　…… 40 g ＋ 320 g

ドリップチョコ

　製菓用チョコレート (スイート) …… 20 g

　生クリーム (乳脂肪分42%) …… 30 g

いちご (小さめ) …… 24〜26粒

準備

・全卵は室温にもどす。

・薄力粉はふるう。

・型の底と側面にオーブンシート (またはクッキングシート) を敷く。

・オーブンは焼く作業の15分前に天板ごと180℃に予熱し始める。

・117ページ「王道！ いちごのデコレーションケーキ」の準備と同様にシロップを作る。

・いちご12粒を飾り用に取り分け、残りはサンド用に5mm厚さに切る。

・絞り袋に丸口金 (直径1.3cm) をセットする。

＊TC アルブリット デコ型を使用 (102ページと同様)。

作り方

1

容器に米油を入れ、ココアパウダーを茶こしでふるって加え、よく混ぜる。牛乳を電子レンジ (600W) で20秒温めて少しずつ加えて混ぜ、50℃に保温する。

advice

ココアパウダーはオイルに溶けやすく、薄力粉と一緒にふるって使うよりもダマになりにくいです。

2

112〜113ページ「ジェノワーズの作り方」の手順**2〜7**と同様に生地を作る (手順**6**でひとすくい分を**1**に加えて、よく混ぜ合わせる)。

これがサンド用のかたさ！

6

残りのチョコクリームを116ページ「王道！ いちごのデコレーションケーキ」の手順**2**と同様に泡立て、サンド用のかたさにする (p.115の絞り出し用とサンド用の中間)。

7

117〜119ページ「王道！ いちごのデコレーションケーキ」の手順**3〜10**と同様に作り、冷蔵室に30分ほどおく。

advice

チョコレートが入るクリームは分離しやすく、また通常のホイップクリームよりも塗る時に締まりやすいので、115ページの目安よりもやわらかめで使います。

サンド用

デコレーション用

3

114ページ「ジェノワーズの作り方」の手順**8**〜**9**と同様に170℃のオーブンで約27分焼き、型から取り出して粗熱をとる。完全に冷めたら、116ページ「**王道！ いちごのデコレーションケーキ**」の手順**1**と同様に3枚に切り分け、シロップを塗る。

4

チョコクリームを作る。チョコレートは湯せんにかけて溶かす。生クリーム40gを容器に入れてラップをかけ、電子レンジ（600W）で約30秒温めて加え、ゴムべらでよく混ぜ合わせる。残りの生クリーム320gを数回に分けて加え、その都度混ぜる。

5

4から100gをデコレーション用に取り分ける。

生クリームを分けて加える理由

最初の生クリームを温めるのはチョコが固まらないようにするため。その後加える生クリームも量が多いと固まることがあるので、分けて加えます。

とろりと流れ落ちる状態が目安。温度は 27 〜 28℃

8

ドリップチョコを作る。ボウルにチョコレートを入れる。生クリーム30gを容器に入れてラップをかけ、電子レンジ（600W）で約20秒温めて加える。湯せんにかけてチョコを溶かして混ぜ、スプーンですくうと写真のように流れ落ちるかたさにする。

9

7の上面の外側から側面にかけてドリップチョコをスプーンで垂らす。回転台を回して位置を変えながら1周行う。

advice

作業の前にケーキの型を底を上にして置き、ドリップチョコを垂らしてみてかたさを確認するのもおすすめです。

10

5で取り分けたチョコクリームを泡立て器で絞り出し用のかたさにし（115ページの絞り出し用よりも少しやわらかめ）、絞り袋に入れる。119ページ「**王道！ いちごのデコレーションケーキ**」の手順**12**〜**13**と同様に絞り出し、いちごをのせる。

Swiss roll

ふわふわ
純生ロールケーキ

ふわっふわの生地とミルキーなクリームが
口の中でほどけるように消えていきます。
生地が乾燥すると巻く時にひび割れしやすく
なるので、冷まし方も大事なポイントです。

材料(27.5×21.5×高さ1.8cmのロールケーキ天板1個分)

全卵 …… 140 g

グラニュー糖 …… 50 g

薄力粉（スーパーバイオレット）…… 45 g

牛乳 …… 20 g

米油（またはサラダ油）…… 12 g

仕上げ用クリーム

　　生クリーム（乳脂肪分42%）…… 150 g

　　コンデンスミルク（加糖）…… 30 g

準備

・全卵は室温にもどす。

・薄力粉はふるう。

・ロールケーキ天板に敷き紙（＊）2枚と
　オーブンシート（またはクッキングシート）
　を敷く。

　＊敷き紙は筋入りクラフト紙を使用。

・オーブンは焼く作業の15分前に200℃に
　予熱し始める。

敷き紙の四隅に
切り込みを入れて
型に敷く

advice

底は焼き色がつきやすく、紙とシートを
三重にして火のあたりをやわらげます。
それでも焼き色が強い場合は、次から敷
き紙の下にコピー用紙2枚を追加しま
しょう。

オーブンシートを敷くのは、なぜ？

オーブンシートは水分や蒸気でよれてしわが寄
ることがなく、底面がきれいに焼き上がります。
オーブンシートは新品ではなく、ある程度使い
込んだものがおすすめです。

＼この型を使いました／

cotta vivianさん監修 長方形ロールケーキ天板 小
内寸：27.5 × 21.5 ×高さ1.8cm

作り方

1

112〜113ページ「ジェノワーズの作り方」の手順 **1 〜 7** と同様に生地を作る（配合は異なるが、手順は同じ）。

何度もさわらず
1周程度に！

2

ロールケーキ天板に流し入れ、カードで表面をならす。天板の底を台に軽く数回打ちつけて大きな気泡をなくす。

190℃
焼き時間
12分

指で軽く押して弾力が
あれば焼き上がり

3

予熱したオーブンを190℃に下げ、**2** を入れて約12分焼く。ロールケーキ天板を約5cmの高さから台に落として中の熱い蒸気を抜く。型から出して段ボール紙にのせ、側面の紙だけをはがす。粗熱がとれたら敷き紙をかぶせる。

advice

巻き終わりに塗るクリームは
接着剤の役割です。

思いきりが大事。
一気にくるっと！

6

4 をパレットナイフで全体に塗り広げる。巻き終わりの斜めの断面の1/3くらいにも薄く塗る。

7

敷き紙ごと手前を軽く持ち上げて端を押さえながら芯を作り、紙ごと一気に奥に向けて生地を転がすようにして巻く。

advice

すべり止めマットを敷く
と巻きやすいです。

巻き始めは厚め、巻き終わりは薄めに

クリームは巻いた時に中心部にボリュームをもたせたいので、巻き始めは厚めに塗り広げます。巻き終わりはクリームが多いと巻く時にはみ出るので薄めに。

これがサンド用の
かたさ！

手順3の敷き紙を
再利用

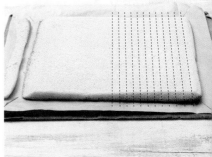

advice

焼く時に二重にした敷き紙うちの1
枚を再利用しています。

ケーキクーラーより段ボール紙

ケーキクーラーにのせると網の跡が
ついてしまいます。段ボール紙は通
気性がよく、底からの蒸気もある
程度逃がすのでおすすめ。敷き紙を
かぶせるのは乾燥防止のためです。

4

ボウルに仕上げ用クリームの材料
を入れて底を氷水にあてながら、
角がしっかりと立つまで泡立てる
（サンド用／p.115）。

advice

クリームの泡立て加減がゆるい
と、巻く時にロール状に形を保
つことができません。

5

敷き紙とオーブンシートをはがし、
焼き色がついた面を下にして敷き
紙にのせる。巻き始めから半分く
らいまで1cm間隔に浅い切り込み
を入れ、巻き終わり部分は斜めに
切る。

切り込みと斜めカットの理由

切り込みを入れると巻く時に
ケーキが割れません。また、巻
き終わりが斜めになっていると
端の収まりがよく安定します。

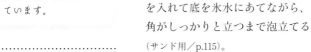

両端の直径が
同じくらいか
チェックする

8

巻き終わりが真下にきて横から見ると「の」になるよう
に、紙の上から形を整える。長い定規をあて、下の紙を
引っ張って巻きを引き締める。冷蔵室で30分以上冷や
してクリームを落ち着かせる。

advice

ケーキの切り方のコツ
は143ページの「お菓
子作りQ&A」を参考に。

おいしく作るコツ

ロールケーキやジェノワーズは
ふわふわ食感が持ち味。
私は製菓用の
「スーパーバイオレット」を使ってます。
同じ薄力粉でも商品によって特徴があり、
これはタンパク質の含有量が少なく、
焼き上がりはふんわりして同時に
ボリュームも出ます。
ふだん料理に使う薄力粉との仕上がりの
違いは歴然なので、
ぜひ一度体験してみてください。

Airio

arrange recipe

黒い森のロールケーキ

ドイツで親しまれているさくらんぼのケーキです。
さくらんぼから作られる蒸留酒「キルシュ」も
香りづけに欠かせません。

190℃
焼き時間
12分

材料（27.5×21.5×高さ1.8cmのロールケーキ天板1個分）

全卵 …… 140 g

グラニュー糖 …… 50 g

薄力粉（スーパーバイオレット）…… 40 g

米油（またはサラダ油）…… 12 g

ココアパウダー（無糖）…… 5 g

牛乳 …… 23 g

フィリング

　　　ダークスイートチェリー
　　　（シロップ漬け・缶詰）…… 25粒

　A　ダークスイートチェリーの缶汁
　　　…… 75 g

　　　グラニュー糖 …… 15 g

　キルシュ …… 10 g

シロップ

　グラニュー糖 …… 5 g

　水 …… 10 g

　キルシュ …… 5 g

仕上げ用クリーム

　生クリーム（乳脂肪分42%）…… 150 g

　コンデンスミルク（加糖）…… 30 g

キルシュ …… 5 g

準備

・全卵は室温にもどす。

・薄力粉はふるう。

・125ページ「ふわふわ純生ロールケーキ」
　と同様に、ロールケーキ天板に敷き紙2
　枚とオーブンシート（またはクッキングシー
　ト）を敷く。

・オーブンは焼く作業の15分前に200℃に
　予熱し始める。

・シロップを作る。グラニュー糖と水を耐
　熱容器に入れてラップをかけ、電子レン
　ジ（600W）で約20秒加熱してグラニュー
　糖を溶かす。粗熱がとれたらキルシュを
　加え、使う直前まで冷やす。

作り方

❶　フィリングを作る。チェリーとAを鍋に入れてひ
と煮立ちさせる。保存容器に移し、粗熱がとれたらキル
シュを加えて冷蔵室に一晩おく（写真a）。

❷　容器に米油を入れ、ココアパウダーを茶こしでふる
って加え、よく混ぜる。牛乳を電子レンジ（600w）で20
秒温めてから少しずつ加えて混ぜ、50℃に保温する。

❸　112〜113ページ「ジェノワーズの作り方」の手順2
〜7と同様に作る（手順6でひとすくい分を❷に加えてよく混
ぜ合わせる）。

❹　126〜127ページ「ふわふわ純生ロールケーキ」の
手順2〜3と同様に焼き、取り出して冷ます。

❺　仕上げ用クリームの材料をボウルに入れ、底を氷水
にあてながら泡立ててサンド用のかたさにし（p.115）、
キルシュを加えて混ぜる。

❻　❹を焼き色がついた面を上にして敷き紙にのせ、巻
き始めから半分くらいまで1cm間隔に浅い切り込みを入
れ、巻き終わり部分は斜めに切る。シロップを塗る。

❼　「ふわふわ純生ロールケーキ」の手順6と同様に❺
のクリームを塗り広げる。❶のチェリーの汁気をきって
半分に切り、3列に並べる（写真b）。

❽　「ふわふわ純生ロールケーキ」の手順7〜8と同様
に巻き、冷蔵室で30分以上冷やす。デコレーションは
お好みで。

温めて冷ますことで
甘味がしみ込む

a

巻き始めから4cm、
中間地点、そこから
5cmあけた位置に並べる

b

おいしく作るコツ

キルシュ入りのシロップをしみ込ませ、
香り豊かでしっとりしたケーキに仕上げました。
写真はホイップクリーム、チェリー（缶詰）、
チョコパーツ（p.120 円形プレート）を飾りましたが、
旬の時期は生のアメリカンチェリーでも。

Airio

Vanilla mousse cake with strawberry

フレジェ風バニラムースケーキ

ムースフィルムを使うとお店みたいな
かわいいビジュアルのケーキが作れます。
シャインマスカットで作ってもさわやかな色味で素敵です。

材料 (直径 6 cm、高さ 6 cm のもの 6 個分)

ジェノワーズ (p.112／1 cm 厚さに切ったもの) …… 3 枚
いちご (小さめ) …… 18〜20 粒

シロップ
　グラニュー糖 …… 10 g
　水 …… 20 g
　キルシュ …… 10 g

ムース生地
　板ゼラチン …… 4 g
　卵黄 …… 36 g (2個分)
　グラニュー糖 …… 40 g
　バニラビーンズペースト …… 3 g
　牛乳 …… 160g
　生クリーム (乳脂肪分42%) …… 100 g

仕上げ用クリーム
　生クリーム (乳脂肪分42%) …… 80 g
　コンデンスミルク (加糖) …… 16 g

準備
・ゼラチンは氷水でふやかす。
・117ページ「王道！　いちごのデコレーション
　ケーキ」の準備と同様にシロップを作る。
・絞り袋を2枚用意し、1枚には丸口金 (直径1 cm)
　をセットする。

作り方

2枚1組で6個分！

ムースフィルムは 20 ×
高さ 5cm のものを使用

1
いちごは側面用に8〜9粒を1〜
2 mm厚さの輪切りにし、中央のき
れいな部分を使う (切れ端はムース
の中用に)。飾り用のいちご3粒は
縦半分に切り、残りはざく切りに
する (ムースの中用)。

advice
いちごが厚いとムースフ
ィルムのカーブにうまく
沿わないため、1〜2 mm
厚さがベストです！

2
ジェノワーズは直径6 cmのセルクルで12
枚抜く。切れ端をつなげて使えば1枚の
ジェノワーズから4枚取れる。表面と裏
面にはけでシロップを軽めに塗り、6枚
を並べてムースフィルムを巻きつけてテ
ープでとめる。

乾燥しないよう、
ラップで覆って
冷蔵室へ

3

フィルムの内側に輪切りにしたい
ちごを1周貼りつけ、使う直前ま
で冷蔵室におく。

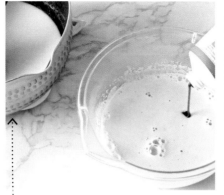

4

ムース生地を作る。ボウルに卵黄
とグラニュー糖を入れ、泡立て器
でよくすり混ぜる。鍋で牛乳を沸
騰直前（約90℃）まで温め、牛乳の
2/3量を加え、バニラビーンズペ
ーストも加えて混ぜ合わせる。

advice

鍋底に膜が張らないよう、
牛乳を少し鍋に残します。

こすと生地が
なめらかに

5

ボウルの中身を茶こしでこしなが
ら牛乳の鍋に入れる。

手順8とかたさを
合わせて
混ざりやすくする

9

別のボウルに生クリーム100gを
入れ、底を氷水にあてながらムー
ス用のかたさに泡立てる（p.114）。

10

9を8に加え、気泡をなるべくつ
ぶさないようゴムべらで底から大
きく混ぜ合わせる。すくうとつな
がって落ち、跡が少し残るくらい
のかたさにする。

....
生地は冷やしすぎない！

途切れるように落ちる場合は生地がかたすぎ
て、手順**11**でいちごの間にうまく行き渡り
ません。手順**8**で冷やしすぎないことが大事。
....

側面用に切った時の
余りもここへ！

11

生地を絞り袋（口金なし）に入れ、
3の側面のいちごの間を埋めるよ
うに絞り入れる。ざく切りにした
いちごと切れ端のいちごを等分し
て入れる（1個につき約12g）。残
りのジェノワーズをのせ、ラップ
をかけて冷蔵室で約3時間冷やし
固める。

132

6

弱火にかけ、耐熱のゴムべらで絶えず混ぜながら約82℃まで温め、火を止めてそのままおく。

7

60℃まで冷めたらゼラチンの水気をきって加え、混ぜながら余熱で溶かす。

8

茶こしでこしてボウルに入れる。底を氷水にあててゴムべらで混ぜながら、少しとろみが出るまで冷ます。

advice

目安は20～23℃。冷やしすぎると固まるので作業中は状態をよく確認しましょう。

60℃まで冷ましてゼラチンを加えるのはなぜ？

溶かすなら熱いうちに！　と思いがちですが、ゼラチンは温度が高すぎると凝固力が落ちます。50～60℃が適温なので、そこまで冷まして加えます。

これが絞り出し用のかたさ！

横からチェックして調整

横から見てムース生地がいちごのすき間を埋めているかを確認。中央に刻んだいちごを詰めたら、スプーンで軽く押し込み、ムースの上部から飛び出さないように調整しましょう。

12

ボウルに仕上げ用クリームの材料を入れ、底を氷水にあてながら絞り出し用のかたさに泡立てる (p.115)。丸口金をつけた絞り袋に入れ、11の上に花の形に丸く絞り出し、中央に飾り用のいちごをのせる。

おいしく作るコツ

いちごはサイズによって
必要量が多少変わります。
ムースフィルムの高さが5cm、
上下のジェノワーズが計2cmなので、
いちごは小粒 (輪切りで2.5cm程度) が
収まりがよいです。

Airio

arrange recipe

ドット模様の
ラズベリームースケーキ

側面に生クリームのドット模様を施した
キュートで甘酸っぱいムース。
ムース生地は「フレジェ風バニラムース
ケーキ」よりも手軽に作れるレシピです。

材料（直径6cm、高さ8cmのもの4個分）

ジェノワーズ（p.112／1cm厚さに切ったもの）
…… 2枚

ムース生地
　板ゼラチン …… 4g
　牛乳 …… 35g
　グラニュー糖 …… 35g
　ラズベリーピューレ …… 100g
　生クリーム（乳脂肪分42%）…… 110g

シロップ
　グラニュー糖 …… 5g
　水 …… 10g
　キルシュ …… 5g

仕上げ用クリーム
　生クリーム（乳脂肪分42%）…… 50g
　コンデンスミルク（加糖）…… 10g

いちご …… 5粒

準備
・ゼラチンは氷水でふやかす。
・128ページ「黒い森のロールケーキ」の準
　備と同様にシロップを作る。
・絞り袋を2枚用意し、1枚には丸口金（直
　径1cm）をセットする。

作り方

❶　ジュノワーズは131〜133ページ「フレジェ風バニ
ラムースケーキ」の手順2と同様に直径6cmのセルクル
で8枚抜き（2枚1組で4個分）、表面と裏面にはけでシロ
ップを塗る。

❷　ムース生地用の生クリームをボウルに入れ、底を氷
水で冷やしながらムース用のかたさまで泡立てる（p.114）。

❸　❷を10gを取り分けてコルネに入れる。残りは冷
蔵室で使う直前まで冷やしておく。

❹　ムースフィルムの上下1cmずつあけて❸のコルネに
入れたクリームを7mm大の円形に水玉模様になるように
絞り（写真a）、冷凍室に約15分おいて冷やし固める。

❺　❶を4枚並べ、❹の水玉模様が内側になるように巻
きつけ、テープでとめる。使う直前まで冷凍室におく。

❻　ムース生地を作る。耐熱ボウルに牛乳とグラニュー
糖を入れ、電子レンジ（600W）で約30秒加熱する。ゼ
ラチンの水気をよくきって加え、ゴムべらで混ぜながら
余熱で溶かす。

❼　ラズベリーピューレを❻に少しずつ加え、その都度
よく混ぜる。底を氷水にあてて冷やしながら、少しとろ
みが出るまで混ぜる（温度は20〜23℃が目安）。

❽　冷蔵室で冷やしておいた❸の生クリームを加え、均
一になるまで混ぜ合わせる。すくうとつながって落ち、
跡が少し残るくらいのかたさにする。

❾　絞り袋（口金なし）に入れ、❺に等分に入れる（写真b）。
残りのジェノワーズをのせ、ラップをかけて冷蔵室で約
3時間冷やし固める。

❿　「フレジェ風バニラムースケーキ」の手順12と同様
に仕上げ用クリームを泡立て、❾の上面に花の形に丸く
絞り出し、いちごを飾る。

Dotted raspberry mousse cake

中央の3cm幅に収まるよう
クリームを絞り出す

水玉模様の間を
埋めるように
ムース生地を
絞り入れる

a   b

ハーフサイズのジェノワーズ

ジェノワーズは1個焼くと余る
ので、ハーフサイズで焼いても。
分量は全卵65g、グラニュー
糖・薄力粉各35g、牛乳・米
油各12gとし、112～114ペー
ジ「ジェノワーズの作り方」を
参照して生地を作り、170℃の
オーブンで18～20分焼きます。

お菓子を引き立てる

ラッピングアイディア

お菓子が上手に作れたら、誰かにおすそ分けしたくなるもの。
かわいいお菓子のビジュアルを生かした
見た目にも楽しいラッピング方法をいくつかご紹介します。

ワックスペーパーで見せるラッピング

ワックスペーパーは油じみしにくく、色柄が豊富。クッキーなどの焼き菓子をワックスペーパーを台紙にして透明な袋に入れると、お菓子や差し上げる方の好みに合わせて雰囲気をアレンジできます。中身が見えてかわいらしく、少量でもおすそ分けしやすいラッピングです。

ベイキングカップに詰め合わせる

市販の紙製のベイキングカップは箱と違って高さの制限なし。個包装したマドレーヌやカットしたパウンドケーキなどを立てて詰め、マチのあるOPP袋で包んでリボンや英字のテープをあしらえばお店のギフト風になります。

写真は約18×10×高さ6cmのベイキングカップ。マドレーヌやフィナンシェなら4〜5個入ります。

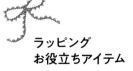

ラッピングお役立ちアイテム

焼き菓子は酸素に触れると鮮度が落ちるため、ラッピングには酸素を透過しないよう加工されたガス袋がおすすめです。湿気が大敵のクッキー類にはシート乾燥剤を、マドレーヌやパウンドケーキなどふんわり＆しっとり感を保ちたいお菓子にはエタノール揮散剤（アルベールなど）を一緒にガス袋に入れ、シーラーで密閉します。

シーラー

袋の閉じ口にひと工夫！

中身が見える紙袋やOPP袋にお菓子を入れ、閉じ口にレースペーパーをあしらったり、ペーパーヘッダー（写真左）でとめたりしてアクセントに。市販のペーパーヘッダーは種類が豊富ですが、自分好みに手作りしても。

テトラ形のラッピング

マチのない透明の袋にお菓子を入れ、口の左右（a、b）を中央に寄せてくっつけて折り返し、ステープラーやシーラーでとめます。ここではペーパーヘッダーをつけましたが、折り返す際にひもを通してリボン結びにしたり、タグをあしらっても。

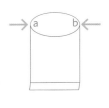

ふたに布やリボンをあしらう

プリンなどふたつき容器のお菓子は、柄つきの布や紙でふたの上から覆い、リボンをかけてちょっとおめかし。ニュアンスのあるリボンや毛糸を結ぶだけでもかわいいです。

透明ボックス＆レーステープでエレガントに

華やかなホールケーキは中身が見える透明のボックス（＊）に入れてプレゼント。チョコ生地のケーキは特にレーステープが映えて素敵です。リボンもチョコと同系色でまとめて大人っぽい印象に。

＊写真のボックスは直径13cmのため、ケーキは直径12cmの型で焼いたものです。

137

お菓子の材料

お菓子をおいしく作るためには材料選びも大事。
本書で使っている材料をご紹介します。
基本材料の薄力粉、砂糖、卵、油脂、乳製品は、
それぞれの特徴や使い分けについても触れました。

薄力粉

製菓用の薄力粉を使っています。粒子がこまかくてダマになりにくく、空気を含みやすいのが特徴です。また、銘柄によって成分（タンパク質含有量や灰分）に違いがあり、お菓子に適したものを選ぶことで味や食感が格段にアップ！　この本では特に記載がなければ「ドルチェ」を使用。もちろん、ふだんお使いの薄力粉でも作れます！

★北海道産薄力粉 ドルチェ 600g

銘柄の使い分け

灰分が多いほど小麦の風味が強く、またタンパク質含有量が少ないほどねばりが出にくく軽い食感に焼き上がります。私はさっくりした食感にしたいクッキーやタルトには「エクリチュール」を、ふんわり食感で同時にボリュームを出したいジェノワーズなどには「スーパーバイオレット」を使っています。

卵

この本ではM〜Lサイズを使用し、卵黄1個分＝18g、卵白1個分＝35g、全卵1個分＝55gが目安。卵は個体差があるため、レシピはグラム表記を優先しています。卵白は余ったら冷凍できます。1個分ずつラップで茶巾包みにするか、保存容器にまとめて入れて冷凍しましょう。

冷凍した卵白は使う時は冷蔵室で自然解凍して

ブラウンシュガー

粉糖

グラニュー糖（細目）

砂糖

グラニュー糖は主に細目（微粒子）タイプを使用（＊）。生地になじみやすくダマができにくいのが利点です。粉糖はグラニュー糖を粉末にしたもので非常に溶けやすく、水分が少ないクッキーやタルト生地にぴったり。私は固まりにくく作業性の高いオリゴ糖入りの粉糖を常備。ブラウンシュガーは精製度が低くミネラルを含み、風味豊かでコクがあります。ただし、お菓子の色が少し茶色っぽく仕上がります。

＊レシピでは「グラニュー糖」とだけ表示しています。細目を使うかはお好みで。

★北海道よつ葉バター 食塩不使用 450g

油脂

バターは主に食塩不使用タイプを使います。やわらかくして空気を含ませたり、溶かして生地に混ぜたりと使い方はいろいろ。焼き上がり後の保存を考慮して、冷蔵してもおいしさが損なわれないよう米油を使うケースも。米油は同じくクセの少ないサラダ油や太白ごま油で代用しても構いません。

乳製品

生クリームは乳脂肪分42%がおすすめです。私が愛用するのはcottaオリジナルサイズのオーム乳業のピュアクリーム。ミルクの風味が濃いのに後味はすっきり。クリームが真っ白でデコレーションケーキが美しく仕上がるのもお気に入りポイントです。牛乳は生地の水分量の調整などに使います。

生クリームじゃない「クリーム」のこと

生クリームは生乳のみを原料とし、乳脂肪分18%以上のものを指します。ホイップクリームなどの名称の商品は、乳脂肪のすべて、または一部を植物性脂肪に置き換えていて、パッケージに「乳等を主要原料とする食品」と表示があります。脂肪の質が異なるとお菓子の仕上がりに影響するので、レシピに記載の生クリームを選びましょう。

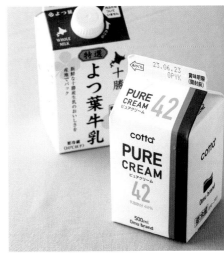

★cotta ピュアクリーム 42% 500ml

その他　＊チョコレートについては94ページで詳しく紹介しています

バニラビーンズペースト

バニラビーンズの香りを抽出し、種を加えてペースト状に加工した商品。さやから中身をしごき出す面倒な作業がいらず、すぐ使えて便利です。

ココアパウダー（無糖）

フランスの老舗チョコレートメーカー、ヴァローナ社のものを使っています。焼き菓子に使って加熱しても色があせず、味も香りも豊かなまま！

塩

お菓子の生地にほんの少し塩を入れると甘味が引き立ちます。私はフランス・ブルターニュ地方の塩を愛用。パウダー状に加工してあり、使い勝手バツグン。

★オーガニックバニラビーンズペースト 50g

★cotta ヴァローナ カカオパウダー 200g

★ゲランドの塩 エクストラファン（微粒）600g

★マークの商品はcottaで取り扱いがあります

お菓子作りの道具

私が使っている道具をご紹介します。基本の道具は
「準備」「混ぜる」「成形・焼く」の段階別にまとめました。
142ページの「あると便利な道具」は必要に応じて
少しずつそろえてください。

そろえたい基本の道具

準備

混ぜる

★小嶋ルミ先生監修
cottaボウル
21cm・18cm・15cm

★TC PC.100 ボール

デジタルスケール

ベーキングパウダーや塩などごく少量使う材料もあるため、0.1g単位で量れるタイプがおすすめ。容器をのせて目盛りをゼロに設定できる風袋引き機能は、加熱後の水分量の減りを確認するのにも便利。

粉ふるい

粉類はふるうことで空気を含み、生地の焼き上がりがふんわりします。私は粉ふるいを使っていますが、目のこまかいざるでふるっても構いません。

ステンレスボウル

ステンレスボウルはサイズ違いが3つあると便利。登場頻度が高いのは直径18cmで、シフォンケーキなど生地量が多いものには直径21cmを使っています。写真のボウルは底面が広く、カーブの角度はへらのあたりを考えた設計で、材料を混ぜやすくておすすめです。

電子レンジ対応のボウル

ポリカーボネートボウルは電子レンジ加熱可能で、冷凍室にも入れられます。100gと軽くて扱いやすく、計量もラクラク。注ぎ口つきなのも便利です。透明で中身がよく見えるので、パン生地の発酵にも使っています。

★マークの商品はcottaで取り扱いがあります

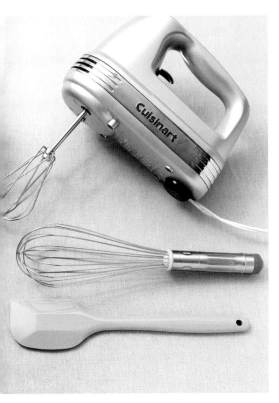

成形・焼く

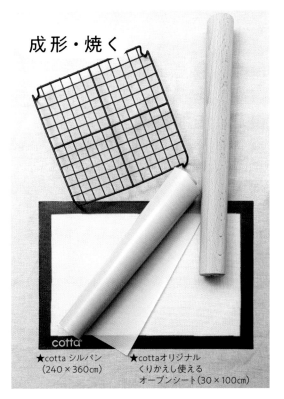

★cotta シルパン
(240×360cm)

★cottaオリジナル
くりかえし使える
オーブンシート(30×100cm)

ハンドミキサー

クイジナートのハンドミキサーを愛用してい
ます。パワーがあり、作業効率バツグン。ア
タッチメントは2種類あり（最新の機種は3
種類）、生地を混ぜる用のビーター（写真）
は洗いやすい形なのもgood。

泡立て器

長さ27cmくらいのものを使っています。あま
り小さいと、混ぜたり泡立てたりする時に力
がいるので、ほどよい長さのものを。鍋で加
熱しながら混ぜる時用にワイヤー部分がシリ
コン製のものもあると安心。

ゴムべら

混ぜるへら部分と柄が一体型のタイプが洗い
やすくておすすめです。牛乳などを鍋で混ぜ
ながら加熱することもあるので、耐熱のへら
を用意しましょう。

めん棒

長さ40cmのものを使用。クッキーやタルト生地
は上から押さえて広げるので、めん棒自体にある
程度の重さがあったほうが作業しやすいです。

ケーキクーラー

焼き上がったお菓子を冷ますために使う網。脚つ
きで下からの通気性もよく、ワイヤーがほどよい
太さでお菓子をのせた時に安定感があります。

シルパン

グラスファイバーをシリコンでコーティングした
シート。網目状に加工されていて、クッキーやタル
トなどを焼く時に敷くと余分な水分や油分が抜け
てサクサクに。底面も美しく焼けます。ない場合
はオーブンシートやクッキングシートを敷いて。

オーブンシート

フッ素樹脂グラスファイバー素材で繰り返し使え
るタイプ。天板に敷いて生地のくっつきを防ぐほ
か、私はよく使う型（丸型など）の敷き紙として
オーブンシートをカットして使っています。使い
きりのクッキングシートで代用可。

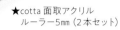
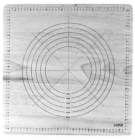

★cotta 面取アクリル
ルーラー5mm（2本セット）

★cotta ペストリーボードS

温度計

デジタル式がおすすめ。レシピに生地の温度目安があったり、湯せんや蒸す温度の指定があるケースも。温度計があれば正確な温度で進められます。

ルーラー

タルト生地などを均一な厚みに伸ばしたり、ジェノワーズを切り分ける時に両脇に1本ずつ置いて使います。この本では厚み3mm、5mm、1cmの3種類が登場。

こね板

生地を伸ばす時に使います。表面に長さの目安になる線が入っていて、作業がスムーズ。なければ消毒したキッチンの台の上などで伸ばしても大丈夫です。

絞り袋と口金

クリーム類を絞り出す時に使うほか、私は生地を型に入れる時にも使います。絞り袋は衛生上、使いきりタイプがおすすめです。この本で登場する口金は丸口金2種（直径1cm、1.3cm）、星口金2種（8切6、12切10）です。

茶こし

目がこまかいので粉糖やココアパウダーをふるう時に使うほか、プリン液などをこす時にも使います。

はけ

豚やヤギなど天然毛の商品もありますが、手入れがラクなナイロン毛のはけを愛用。しなやかで液だれしないものを選んで。

お菓子の型は用途に合わせてそろえる

作りたいお菓子に合わせて、必要な型をそろえていきましょう。汎用性が高いのはパウンド型や丸型、スクエア型（今回はメインでは登場していませんが）。シリコン製の型もありますが焼き色がつきにくいため、熱伝導率のよい金属製がおすすめ。私の推し型は松永製作所のもの。焼き上がりが美しく、型離れもよし。お値段はやや高めですが、一生ものです！

タルトリングがおすすめ！

下にシルパンを敷いて使います。底がない分火通りがよく、シルパンのおかげもあってサクサクに焼き上がります。焼く途中で生地が浮き上がることもなく、きれいに焼き上がります。

★マークの商品はcottaで取り扱いがあります

お菓子作りQ&A

お菓子作りについて寄せられる
素朴な疑問やお悩みに、お答えします。

Q 焼いた当日なのに お菓子がパサついています

A 冷まし方で差がつきます。 粗熱がとれたら袋に

焼き時間が要因の可能性もありますが、お菓子の冷まし方にはコツがあります。完全に冷めてから袋に移すと、冷ます間に水分が多く蒸発します。まだほんのり温かいうちに袋に移し、口を完全に閉じずに少しだけあけて蒸気の逃げ道を作りましょう。完全に冷めたら袋の口を閉じます。

Q クッキーに焼きムラが！ どうすれば均一に焼けますか？

A 厚みをそろえる＆ 火のあたりを確認して

クッキーは薄いところは火が早く入り、焼き色が濃くなるため、サブレなら厚みをそろえて切ることが大事。絞り出して焼くタイプはなるべく大きさをそろえて。また、オーブンによって火のあたりが強い場所があるのでくせをつかみ、途中で天板の向きを変えたり、焼けた分は先に取り出すなどしましょう。

Q 砂糖は違う種類に替えても 大丈夫？

A 替えても作れますが、 仕上がりに多少の差は出ます

なるべくレシピで指定のものを使うことをおすすめします。たとえばグラニュー糖を上白糖に替えても作れますが、焼き色がつきやすくなったり、食感がわずかですが変わることも。ブラウンシュガーなら風味も変わります（好みに合えばOK）。また、クッキーに使う粉糖をグラニュー糖に替えると、粒子が粗いため焼き上がりは表面が少し凸凹に。

Q デコレーションケーキを 上手に切るコツは？

A ナイフをその都度温め、 カットする度にふいてきれいに

中央にいちごがある場合はいったん外します（フルーツタルトなども同様）。ケーキ用のナイフ（またはパン切りナイフ）を熱めの湯につけて温めることがポイント。ナイフを小刻みに前後に動かしながら切ります。1カ所切ったらナイフについたクリームをふき取り、ナイフを温めて同様に切ります。これを繰り返して。外したいちごは切り分けてそれぞれのケーキにのせます。

ロールケーキも
同じ要領！

あいりおー

お菓子研究家、国内最大級のお菓子・パン作りのための専門サイト「cotta」のオフィシャルパートナーとして、お菓子レシピの開発＆提供を行っている。おいしい状態で食べきれる小さめサイズ、おいしさをとことん追究して小麦粉や砂糖を使い分ける、初心者でも失敗しないようわかりやすくをモットーに、工夫満載のレシピをインスタグラムやブログで発信している。パンのレシピにも定評がある。著書に『あいりおーのお店みたいなパンレシピ』(宝島社)がある。

Instagram　airio830

ブログ　Happy Delicious Bakery

撮影協力　cotta

何度（なんど）も作（つく）ってたどりついた
あいりおーのお菓子（かし）

2023年9月7日　初版発行

著者／あいりおー

発行者／山下直久

発行／株式会社KADOKAWA
〒102-8177　東京都千代田区富士見2-13-3
電話　0570-002-301（ナビダイヤル）

印刷所／凸版印刷株式会社

製本所／凸版印刷株式会社